YUHUA YINGLIE JINGSHEN

雨花英烈精神

王　智　主编

人民出版社

责任编辑：吴继平

封面设计：周方亚

图书在版编目(CIP)数据

雨花英烈精神/王智 主编. —北京：人民出版社，2020.6
ISBN 978－7－01－022286－8

Ⅰ.①雨… Ⅱ.①王… Ⅲ.①革命烈士-生平事迹-中国-现代
Ⅳ.①K827＝6

中国版本图书馆 CIP 数据核字(2020)第 118572 号

雨花英烈精神

YUHUA YINGLIE JINGSHEN

王　智　主编

人民出版社 出版发行
(100706　北京市东城区隆福寺街 99 号)

北京汇林印务有限公司印刷　新华书店经销

2020 年 6 月第 1 版　2020 年 6 月北京第 1 次印刷
开本：710 毫米×1000 毫米 1/16　印张：11.75
字数：186 千字

ISBN 978－7－01－022286－8　定价：50.00 元

邮购地址 100706　北京市东城区隆福寺街 99 号
人民东方图书销售中心　电话 (010)65250042　65289539

序

赵永艳　南京市雨花台烈士陵园管理局局长

2014 年 12 月,习近平总书记在视察江苏时深刻指出:"在雨花台留下姓名的烈士就有 1519 名。他们的事迹展示了共产党人的崇高理想信念、高尚道德情操、为民牺牲的大无畏精神。要注意用好用活丰富的党史资源,使之成为激励人民不断开拓前进的强大精神力量。"

中国共产党本质上是革命的政党。中国共产党诞生后,团结带领人民经过长期奋斗,完成新民主主义革命和社会主义革命,建立起中华人民共和国和社会主义基本制度,进行了社会主义建设的艰辛探索,又接续进行改革开放新的伟大革命。习近平总书记强调,"新时代中国特色社会主义是我们党领导人民进行伟大社会革命的成果,也是我们党领导人民进行伟大社会革命的继续,必须一以贯之进行下去";"我们党必须以党的自我革命来推动党领导人民进行的伟大社会革命"。革命,把历史、今天和未来紧紧联系在一起。"不忘初心,牢记使命,就不要忘记我们是共产党人,我们是革命者,不要丧失了革命精神"。革命精神没有过时,这是新时代大力弘扬雨花英烈精神的客观需求和坚实基础。

雨花英烈精神的内核是中国共产党在革命年代熔铸的先进性和纯洁性。它以牺牲这一特殊形态,告诉人们什么是中国共产党,党为什么能够经受一次次挫折而又一次次奋起,为什么能够赢得人心赢得胜利,为我们提供了不忘初心、继续前进的形象参照和精神动力。

新时代大力弘扬雨花英烈精神,必须着眼实现新时代中国共产党的历史使命，把它与牢记"为中国人民谋幸福，为中华民族谋复兴"的初心和使命紧密联系起来，与"以人民为中心"的发展理念紧密联系起来，与树立"永不懈怠的精神状态和一往无前的奋斗姿态"紧密联系起来，真正把这一宝贵的政治资源和精神遗产用好用活。

南京市雨花台烈士陵园管理局始终牢记习近平总书记的谆谆嘱托和殷殷期望，坚持以习近平新时代中国特色社会主义思想为指导，按照江苏省委、南京市委的统一部署要求，着眼用好用活丰富党史资源，不断深化雨花英烈精神的研究阐释和利用转化。结合习近平总书记"思政课是落实立德树人根本任务的关键课程"这一重要指示，为充分发挥雨花英烈精神在传承红色基因、矢志铸魂育人中的重要作用，近年来，雨花台烈士陵园管理局与驻宁高校密切合作，积极探索红色资源与思政课程融合创新的路径方式。目前，雨花英烈精神已走进南京大学、南京师范大学、南京航空航天大学等高校，成为江苏省高校思政课程的重要组成部分，将红色种子播撒植入到众多青年学生心中。《雨花英烈精神》教材的编撰与出版，为高校师生学习和研究雨花英烈精神提供了鲜活的样本，将进一步推动雨花英烈精神与高校思政课程深度融会贯通的系统化开展，是唱响主旋律、讲好新时代故事的生动实践。

时代阔步向前，事业方兴未艾。用好用活雨花台红色资源，传承弘扬雨花英烈的崇高精神，是我们光荣的使命和崇高的责任。值此《雨花英烈精神》教材出版之际，我们期盼通过本书勉力呈现的英烈事迹与精神，与诸位读者共勉。

是为序。

目　　录

第 一 章

伟大社会革命的精神谱系

2018 年伊始,习近平总书记在学习贯彻党的十九大精神研讨班开班式上强调:"新时代中国特色社会主义是我们党领导人民进行伟大社会革命的成果,也是我们党领导人民进行伟大社会革命的继续,必须一以贯之进行下去","要把新时代坚持和发展中国特色社会主义这场伟大社会革命进行好,我们党必须勇于进行自我革命,把党建设得更加坚强有力"。① 中国共产党在近百年伟大社会革命的光辉历程中,带领中国人民取得了革命、建设和改革的伟大胜利,同时铸就了具有丰富时代内涵和民族特征的革命精神,形成了独特的精神谱系,成为中国共产党人的精神支撑和宝贵财富。

谱系的本义,主要是指记述宗族衍脉或者同类事物的历代系统的书,也指家谱系统或事物变迁的系统。伟大社会革命的精神谱系,实质上是在阐释中国共产党领导人民取得社会主义革命、建设和改革成就,创造更加美好生活的理论创新与思想积淀。

第一节　中国共产党领导的伟大社会革命

中国共产党近百年的奋斗历史,就是一部党领导人民进行伟大社会

---

① 《以时不我待只争朝夕的精神投入工作　开创新时代中国特色社会主义事业新局面》,《人民日报》2018 年 1 月 6 日。

革命的历史。历史和现实证明,一场社会革命要取得最终胜利,往往需要一个漫长的历史过程。在一个半殖民地半封建社会建立社会主义社会,在帝国主义、封建主义、官僚资本主义统治下实现人民当家作主,改良的道路走不通,"科学救国""教育救国"等方案均行不通。只有进行广泛深刻的社会革命,通过新民主主义革命,才能建立一个新中国。新中国成立后,在建设一个什么样的新社会问题上,我们党坚持只有社会主义才能救中国,进行社会主义革命,推进农业、手工业、资本主义工商业的社会主义改造,建立起社会主义经济制度。改革开放以来,以党的十一届三中全会为起点,党带领人民开始了一场崭新的、社会主义条件下的伟大社会革命,即建设中国特色社会主义。新时代中国特色社会主义是伟大社会革命的成果,本身就是一场具有新的性质和内涵的伟大社会革命,是在以往伟大社会革命的基础上实现的。

正是在中国共产党的领导与中国人民的长期努力下,近代以来久经磨难的中华民族迎来了从站起来、富起来到强起来的伟大飞跃,科学社会主义在 21 世纪的中国焕发出强大生机活力,中国特色社会主义道路、理论、制度、文化不断发展。

一、从东亚病夫到站起来:革命与建设

习近平总书记在纪念马克思诞辰 200 周年大会上的讲话中明确指出:"中国共产党诞生后,中国共产党人把马克思主义基本原理同中国革命和建设的具体实际结合起来,团结带领人民经过长期奋斗,完成新民主主义革命和社会主义革命,建立起中华人民共和国和社会主义基本制度,进行了社会主义建设的艰辛探索,实现了中华民族从东亚病夫到站起来的伟大飞跃。"[①]

1840 年鸦片战争以后,中国逐步沦为半殖民地半封建社会,昔日饮誉世界的东方巨人被讥为"东亚病夫"。争取民族独立、人民解放和实现国家富强、人民幸福成为中华民族和中国人民的主要任务,"站起来"成为近代中国人民进行伟大社会革命的时代主题。中国人民在黑暗中努力

---

① 习近平:《在纪念马克思诞辰 200 周年大会上的讲话》,人民出版社 2018 年版,第 13 页。

摸索,进行了一次又一次英勇顽强的斗争,走过了从学习西方的器物到制度再到思想文化的救亡图存道路,但均以失败告终。

中国共产党从诞生之日起就代表最先进的阶级,义无反顾地肩负起中华民族伟大复兴的历史重任。"不忘初心、牢记使命"的共产党人,经过28年的伟大斗争,打破了反动势力的疯狂镇压,克服了党内机会主义,特别是"左"倾教条主义给革命造成的严重危害。几经曲折后,中国共产党带领中国人民最终完成了新民主主义革命,推翻了"三座大山",建立了新中国。但伟大社会革命的历史进程仍在继续,中国共产党人的革命任务远未完成。1949年3月,在中国人民大革命即将取得全国胜利的时候,毛泽东就高瞻远瞩地指出:"夺取全国胜利,这只是万里长征走完了第一步。"①

新中国成立后,中国共产党团结带领全国各族人民,创造性地完成从新民主主义到社会主义的转变,全面确立社会主义基本制度,将中华民族复兴伟业引上社会主义的历史征程。虽然社会主义革命和建设历经曲折,也遭受过严重挫折,但正面的经验和反面的教训都是我们党在伟大社会革命探索中的宝贵财富。这期间,我们不仅在赢得政治独立之后又赢得经济独立,积累了社会主义建设的宝贵经验,还形成了立足国情的经济、政治、文化制度,为中华民族伟大复兴确立了一个新的发展起点。②

二、从站起来到富起来:改革开放

"所谓'社会主义社会'不是一种一成不变的东西,而应当和任何其他社会制度一样,把它看成是经常变化和改革的社会"③,"过去我们进行了新民主主义革命,建国后完成了土地改革,又进行了农业、手工业和资本主义工商业的社会主义改造,建立了社会主义经济基础,那是一个伟大的革命"④。但"贫穷不是社会主义"⑤,原来的公有制结构、高度集中的

---

① 《毛泽东选集》第四卷,人民出版社1991年版,第1438页。
② 参见张树军:《中国共产党与中华民族复兴的三次伟大飞跃》,《求是》2018年第17期。
③ 《马克思恩格斯选集》第4卷,人民出版社2012年版,第601页。
④ 《邓小平文选》第三卷,人民出版社1993年版,第134页。
⑤ 《邓小平文选》第三卷,人民出版社1993年版,第64页。

计划经济体制和"以阶级斗争为纲"的错误定位阻碍了社会生产力的发展和社会主义现代化建设。

自党的十一届三中全会以来,我国进入了以建设有中国特色的社会主义、实现社会主义现代化为目标的新历史时期。这不仅是实现中华民族伟大复兴的宏伟事业,而且是一场新的伟大革命,是一场已经并正在引起涉及社会生活各个领域以及人们思想观念的深刻变革。邓小平指出:"改革是中国的第二次革命","改革是社会主义制度的自我完善"。[①] 改革开放是一场革命性质的变革,不是在原有的体制框架和目标模式内量的积累和发展,也不只是对原有体制的修补、微调和改良。新时期最鲜明的特征是改革开放,新时期国民经济发展和社会全面进步最强大的动力也是改革开放。

诚如习近平总书记在庆祝改革开放40周年大会上的讲话中指出的:"改革开放是我们党的一次伟大觉醒,正是这个伟大觉醒孕育了我们党从理论到实践的伟大创造。改革开放是中国人民和中华民族发展史上一次伟大革命,正是这个伟大革命推动了中国特色社会主义事业的伟大飞跃!"[②]改革开放这场伟大的社会革命,进一步解放和发展了社会生产力,增强了社会发展活力,把中国由不发达的社会主义国家变成富强民主文明的社会主义现代化国家,使社会主义优越性在中国充分体现出来,实现了中华民族从站起来到富起来的根本转变。如果说第一次社会革命只是一出长剧的序幕,那这场新的社会革命则是已经和正在进入长剧的高潮。

三、从富起来到强起来:新时代中国特色社会主义

党的十八大以来,以习近平同志为核心的党中央带领全党全国各族人民经过不懈地奋斗,取得了全方位、开创性的成就,中国特色社会主义进入了新时代,"意味着近代以来久经磨难的中华民族迎来了从站起来、富起来到强起来的伟大飞跃,迎来了实现中华民族伟大复兴的光明前景;意味着科学社会主义在二十一世纪的中国焕发出强大生机活力,在世界

---

① 《邓小平文选》第三卷,人民出版社1993年版,第113、142页。
② 习近平:《在庆祝改革开放40周年大会上的讲话》,人民出版社2018年版,第4页。

上高高举起了中国特色社会主义伟大旗帜;意味着中国特色社会主义道路、理论、制度、文化不断发展,拓展了发展中国家走向现代化的途径,给世界上那些既希望加快发展又希望保持自身独立性的国家和民族提供了全新选择,为解决人类问题贡献了中国智慧和中国方案"①。

新时代中国特色社会主义是我们党领导人民进行伟大社会革命的成果和继续,这是我国发展新的历史方位。可以说,我们比历史上任何时期都更接近、更有信心和能力实现中华民族伟大复兴的目标。但是,进入新时代,"我国社会主要矛盾已经转化为人民日益增长的美好生活需要和不平衡不充分的发展之间的矛盾"②,我国仍处于并将长期处于社会主义初级阶段的基本国情没有变,我国是世界最大发展中国家的国际地位没有变。因此,新时代条件下,实现中华民族伟大复兴和社会主义现代化为目标的伟大社会革命不仅没有结束,更要一以贯之进行下去。

"不忘初心,牢记使命,就不要忘记我们是共产党人,我们是革命者,不要丧失了革命精神。"③在近百年的中国共产党历史上,我们党在革命、建设、改革的各个时期进行的伟大社会革命事业,铸就了伟大的革命精神。伟大革命精神反过来支撑并推动伟大社会革命事业。

第二节　革命文化

伴随鸦片战争以来中国人改变自身处境及民族命运的历史选择和中国的革命斗争、建设、改革各阶段的深刻变革,革命文化不断丰富其内涵并获得新的表现形式。从腥风血雨的革命岁月,到筚路蓝缕的建设时期,再到克难奋进的改革开放新时代,革命文化都以一种强烈的人民诉求、时代和精神需要,内化为对民族前途的担忧、百年屈辱的抗争和民族未来的企盼,同时也是政党提供的成熟主张,以"共同的历史经验和共有的文化

---

① 习近平:《决胜全面建成小康社会　夺取新时代中国特色社会主义伟大胜利——在中国共产党第十九次全国代表大会上的报告》,人民出版社 2017 年版,第 10 页。

② 习近平:《决胜全面建成小康社会　夺取新时代中国特色社会主义伟大胜利——在中国共产党第十九次全国代表大会上的报告》,人民出版社 2017 年版,第 11 页。

③ 《以时不我待只争朝夕的精神投入工作　开创新时代中国特色社会主义事业新局面》,《人民日报》2018 年 1 月 6 日。

符码,为我们提供了变幻的历史经验之下稳定不变和具有连续性的意义框架"①。

一、革命与革命文化

革命的最初含义是天体运动,强调非人力所能影响的、不可抗拒的、有规律的,与暴力、新旧之别无关的天体旋转运动,后来逐渐被赋予特定的政治含义。在中国,"革命"一词最早出现在《周易·革卦》中,"天地革而四时成,汤武革命,顺乎天而应乎人"②,这里革命的意思就是改朝换代。马克思主义认为,革命通常是经济基础与上层建筑的深刻变革,列宁提出了关于革命发生的两个基本条件的观点。简单而言,就是当统治阶级无法照旧统治下去,被统治阶级无法照旧生存下去的时候,革命便会发生。从中国共产党领导的伟大社会革命实践及革命精神来看,革命是政治性、斗争性与建设性的统一体,兼具阶段性与长期性。中国共产党作为马克思主义政党,意味着革命是政党担当使命的必然能力,中国共产党在伟大社会革命进程中,锻造形成了敢于斗争、敢于牺牲的宝贵品质和勇于领导人民面对复杂严峻局势进行社会主义建设和改革的伟大精神。

文化不是抽象概念,而是实践的客观反映,"人们自己创造自己的历史,但是他们并不是随心所欲地创造,并不是在他们自己选定的条件下创造,而是在直接碰到的、既定的、从过去承继下来的条件下创造"③。因此,实践是不断运动的,文化与实践对应产生,是一种"活动的产物"。就革命和文化的动态性、可变性来看,革命文化也不会是静止的一潭"死水"。革命文化很多时候被理解为狭义概念,即中国共产党成立到新中国成立的革命历程中形成的文化遗存及文化精神。但总体来说,革命文化有两个板块或两个层次:一块是随着革命的不同进程,先后形成的作为红色基因的精神财富;另一块是与这一系列精神相伴随并指导其不断提升而形成的马克思主义中国化的一系列理论成果,如马克思主义哲学、政

---

① 罗钢、刘象愚主编:《文化研究读本》,中国社会科学出版社2000年版,第208页。
② 张葆全选释:《周易选译》,广西师范大学出版社2019年版,第184页。
③ 《马克思恩格斯选集》第1卷,人民出版社2012年版,第669页。

治经济学、科学社会主义学说等。① 在特定的历史背景下,革命实践为革命文化的形成提供了"因"。

　　革命实践孕育革命文化。近代以来,中华民族面对"数千年未有之大变局",要从根本上改变内忧外患、落后贫穷的面貌,必须进行革命。但农民革命、维新运动、资产阶级各种形式的民族民主革命既没有带领中国走出困境,也没有形成特色鲜明的文化。直到历史和人民选择了真正可以改变中华民族和中国人民命运的中国共产党之后,蕴含着丰富革命精神和厚重历史文化底蕴、反映共产党人和革命群众的独特思想和精神风貌的革命文化才得以逐渐形成。例如,延安精神来源于党在延安时期坚持敌后抗战、推进马克思主义中国化、加强思想理论建设、开展大生产运动的革命实践。如果没有革命实践发展的需要,革命文化就失去了存在的意义。可以说,"革命文化是中国共产党人运用马克思主义、领导全国人民为实现党的政治追求和完成近代中国历史主题而不断开拓进取、艰苦卓绝奋斗的文化结晶,是在长期革命实践中积淀与孕育形成的所有物质文化与精神财富的总和"②。

　　革命文化以鲜艳的中国红为其独特内涵的象征色。回顾中国共产党领导中国人民进行英勇不屈、艰苦卓绝的革命历程,不难发现,一部党的创业史和革命史留给我们满满的都是红色的记忆,红船、红军、红旗、红星、红歌等,既是蕴含着无数先烈的鲜血和生命的印记,又是激励我们生命不息、奋斗不止的精神旗帜。毋庸讳言,任何"着色"的文化名词都没有"革命文化"更能精确地反映中国共产党领导中国人民进行伟大革命实践的过程。红色是一种象征意义,但革命文化却是中国共产党领导新时代民族复兴的"根"与"魂"。③

　　革命文化服务革命,亦反作用于革命。当革命面临"向何处去"时,革命文化本能与自由、解放、翻身、独立、救国等标识相勾连,发动、组织富有革命性的人民群众积极投身革命洪流。伟大的集体主义精神是中国革

---

　　① 参见郝振省:《传统文化·革命文化·先进文化的双层结构及其作用》,《出版发行研究》2019 年第 4 期。

　　② 李东朗:《革命文化是党和人民宝贵的精神财富》,《人民论坛》2017 年第 17 期。

　　③ 参见潘宏:《论革命文化的时代价值》,《光明日报》2018 年 10 月 9 日。

命发展的不竭动力,从陈天华到林觉民,从夏明翰到方志敏,无数革命志士为革命的烈火在中国大地上熊熊燃烧而无私奉献。从严复的"群说"到梁启超的"新民",从鲁迅的"改造国民"到共产党人的"自我批评",中国民众一改几千年来的臣民思想,从自私自利的个人奋斗,转移到集体的民族独立的伟大事业中。进入新时代,全国人民一同聚集到全面建成小康社会、实现中华民族伟大复兴中国梦的伟大社会革命中。革命文化在其中发挥着不可替代的精神引导作用。

毛泽东曾指出:"革命文化,对于人民大众,是革命的有力武器。革命文化,在革命前,是革命的思想准备;在革命中,是革命总战线中的一条必要和重要的战线。"①革命文化不仅体现为自发的精神状态向自觉理论形态的转变,凝聚了全民族的革命热情,而且不断接受革命实践的检验,在实践中不断创新。现如今,革命战争虽远离民众良久,但革命的价值和影响有增无减。革命文化是改革开放的重要语境,改革开放也推动着革命文化的形塑和发展,坚持和继承改革开放内核的改革开放精神已经形成,两者不是简单的对立和告别关系②,那些"告别革命""革命与改革相对立"产生出的忽视甚至不屑革命文化的认识无疑是站不住脚的。革命文化作为一种正确、积极和有用的文化观念,以此引导人民群众充分了解中国共产党的革命历程,对促进广大人民群众认同、支持中国共产党及其伟大革命事业尤为重要。

二、革命文化与中华优秀传统文化

一个国家、一个民族的强盛,总是以文化兴盛为支撑的。中华民族伟大复兴需要以中华优秀传统文化的发展繁荣为条件。中华优秀传统文化是中华民族在历史发展过程中传承下来的、能够影响整个社会的、具有相对稳定性的精神成果的总和③,"是一个国家、一个民族传承和发展的根

---

① 《毛泽东选集》第二卷,人民出版社 1991 年版,第 708 页。
② 参见周建伟:《革命文化与改革开放的辩证关系》,《中国社会科学报》2019 年 1 月 4 日。
③ 参见秦海燕:《优秀传统文化的传承与创新》,吉林出版集团股份有限公司 2018 年版,第 2 页。

本,如果丢掉了,就割断了精神命脉"①。其中,中华民族突出了文化的民族属性与创造性,传统文化体现了文化的历史继承性。中华优秀传统文化延续发展几千年而从未中断,对形成和维护中国团结统一的政治局面,对形成和巩固中国多民族和合一体的大家庭,对形成和丰富中华民族精神,对激励中华儿女维护民族独立、反抗外来侵略,对推动中国社会发展进步、促进中国社会利益和社会关系平衡,对治国理政和道德建设都具有十分重要的作用。② 中华优秀传统文化作为中华民族这片热土上各种文化发展的母体,已植根在全国各族人民内心,潜移默化地影响着人民的思想方式与行为方式。比如,中华文化强调"民惟邦本""天人合一""和而不同";强调"天行健,君子以自强不息""大道之行也,天下为公";强调"天下兴亡,匹夫有责",主张以德治国、以文化人;强调"君子喻于义""君子坦荡荡""君子义以为质";强调"言必信,行必果""人而无信,不知其可也";强调"德不孤,必有邻""仁者爱人""与人为善""己所不欲,勿施于人""出入相友,守望相助""老吾老以及人之老,幼吾幼以及人之幼""扶贫济困""不患寡而患不均"等等。③ 这些优秀传统文化不论过去还是现在,都具有鲜明的时代价值和民族特质,既生生不息,又历久弥新。

革命文化是革命实践的产物,承继了中华传统文化的优秀基因。共产党人在革命时期展现出来的顽强的奋斗精神、迎难而上的坚强意志、艰苦朴素的生活作风等是革命先烈留给当代人的宝贵精神财富。其对于今天共产党员坚定理想信念、国民振奋精神、青少年树立远大理想,共建现代化强国、共筑中国梦具有无可取代的作用。习近平总书记在党的十九大报告中明确指出:"中国特色社会主义文化,源自于中华民族五千多年文明历史所孕育的中华优秀传统文化,熔铸于党领导人民在革命、建设、改革

---

① 习近平:《在纪念孔子诞辰 2565 周年国际学术研讨会暨国际儒学联合会第五届会员大会开幕会上的讲话》,人民出版社 2014 年版,第 11 页。

② 参见中共中央宣传部编:《习近平总书记系列重要讲话读本(2016 年版)》,学习出版社、人民出版社 2016 年版,第 201—202 页。

③ 参见习近平:《青年要自觉践行社会主义核心价值观——在北京大学师生座谈会上的讲话》,人民出版社 2014 年版,第 7 页。

中创造的革命文化和社会主义先进文化,植根于中国特色社会主义伟大实践。"①在中华优秀传统文化的厚重积淀中,有"自强不息"的奋斗精神,"精忠报国"的爱国情怀,"天下兴亡,匹夫有责"的担当意识,"舍生取义"的牺牲精神,"革故鼎新"的创新精神,"国而忘家,公而忘私"的奉献精神,等等。这些优秀的文化基因渗透进共产党人的血液中,形成饶有特色的革命文化精神,成为中国文化自信的优良基因。从"天地之大,黎元为先""民贵君轻""君舟民水"的传统民本思想到毛泽东"世间一切事物中,人是第一可宝贵的"的"全心全意为人民服务"的公仆宗旨观,体现了中国共产党人以满足人民利益为准绳的价值取向,形成了中国特色社会主义文化的灵魂。②

革命文化对中华优秀传统文化的转化与发展。中国共产党从成立之日起,就一直是中华优秀传统文化的坚定传承者与弘扬者。中国共产党把马克思主义基本原理与包括中国历史文化实际在内的中国具体实际有机结合起来,把传承和弘扬中华优秀传统文化与创造和发展社会主义先进文化有机结合起来,继承、维护和发展了中华优秀传统文化,才创造出中华民族独特的精神标识。毛泽东充分肯定中国革命实践中优秀传统文化的价值,并指出:"我们是马克思主义的历史主义者,我们不应当割断历史。从孔夫子到孙中山,我们应当给以总结,承继这一份珍贵的遗产。"③坚持马克思主义的指导地位与传承中华优秀传统文化,从来不是此消彼长、彼弱我强的关系,更不是非此即彼、截然对立的关系。我国革命、建设和改革并取得巨大成功的一个重要原因,就在于革命文化传承了中华优秀传统文化的精髓,并在具体革命实践中实现了与马克思主义理论的深度结合,使马克思主义中国化实现了一次又一次的理论飞跃,指导党和人民伟大事业不断取得新胜利。④

从历史发展的逻辑来看,中华优秀传统文化与革命文化既展现出中

---

①　习近平:《决胜全面建成小康社会　夺取新时代中国特色社会主义伟大胜利——在中国共产党第十九次全国代表大会上的报告》,人民出版社 2017 年版,第 41 页。
②　参见秦洁:《革命文化:中华民族最为独特的精神标识》,《红旗文稿》2016 年第 17 期。
③　《毛泽东选集》第二卷,人民出版社 1991 年版,第 534 页。
④　参见张述存:《新时代如何大力弘扬中华优秀传统文化》,《光明日报》2019 年 1 月 24 日。

国近代革命实践中形成的中国文化的古今之变,又显示出中国文化从古至今融合发展的时代走向。在今天,各种思想文化相互交锋,有些人"以洋为美、为尊""东施效颦",夸大其中的糟粕,肆意宣扬文化虚无主义、历史虚无主义,甚至将文化进行包装,出现功利化、庸俗化、商业化等问题。因此,尊重自己的历史和传统,坚守中华民族文化立场,不忘本来、承继中华优秀传统文化、弘扬革命文化,坚持创造性转化和创新性发展,是坚定文化自信、担负文化使命及建设文化强国的基本要求。

三、革命文化与社会主义先进文化

对于一个国家或一个民族来说,先进文化是能够反映社会生产力发展要求和人民根本利益,并且能够最大限度提供发展资源的文化。同落后文化、腐朽文化相比较而言,它不仅能够从外界吸收传统文化中没有的东西,更能够选择有效引导经济社会持续发展和人的健康发展。可以说,"凡是有利于生产力解放和发展,有利于社会进步,有利于社会成员素质提高的文化"[1],都可以称为先进文化,它是国家和民族发展的精神动力,是激发社会活力和增强民族凝聚力的重要力量。当代中国的社会主义先进文化,是指以马克思主义为指导、以科学发展为主题、以建设社会主义核心价值体系为根本任务、以人为本、以改革创新为动力、面向现代化面向世界面向未来的民族的科学的大众的社会主义文化,包括意识形态领域的马克思主义思想指导、社会主义核心价值观、全心全意为人民服务的理念、以人为本的科学发展观、以爱国主义为核心的民族精神和以改革创新为核心的时代精神等等。

中国共产党始终代表先进文化的前进方向。早在新民主主义革命时期,就与马克思主义基本理论相结合,形成"民族的、科学的、大众的"新民主主义文化,为国家与社会的发展指明了正确的前进方向。新中国成立后,我们党强烈意识到文化创造迎来了新的契机,透露出实现文化飞跃的渴望与历史激情,通过文化改造,逐步确立了社会主义文化形态,实现

---

① 郭金平、宋屹、贾玉娥:《建设社会主义先进文化的重大问题研究》,河北人民出版社 2006 年版,第 8 页。

了新民主主义文化向社会主义文化的转变。即使是后来被实践证明出现了偏离轨道的"文化大革命",从毛泽东的主观愿望上看,也是为了建设符合时代要求的、为人民服务的社会主义先进文化。改革开放以来,我们党在总结中国先进文化建设经验的基础上,创造性地提出建设中国特色社会主义文化的命题,坚定不移引领先进文化不断发展。在马克思主义中国化的理论与实践不断丰富过程中,我们党还提出了建设社会主义精神文明的命题。尽管在不同场合、针对不同话题和对象时,对概念的运用有所区别,但从内容与本质上来看,上述几个概念与社会主义先进文化是一致的。

社会主义先进文化是改革开放以来我们党在新的历史时期文化建设的新探索和新成果。2000 年 2 月,江泽民在视察广东时首次提出社会主义先进文化的理念,并于 2001 年的"七一讲话"中对社会主义先进文化进行了明确阐释:"我们党要始终代表中国先进文化的前进方向,就是党的理论、路线、纲领、方针、政策和各项工作,必须努力体现发展面向现代化、面向世界、面向未来的,民族的科学的大众的社会主义文化的要求,促进全民族思想道德素质和科学文化素质的不断提高,为我国经济发展和社会进步提供精神动力和智力支持。"[①]2006 年,江泽民明确提出社会主义和谐文化的新命题,预示着当代社会主义先进文化形态的形成。社会主义核心价值体系的提出也是我们党在新的历史时期形成的重要理论贡献,它"是兴国之魂,是社会主义先进文化的精髓,决定着中国特色社会主义发展方向"[②]。党的十八大以来,我们党将中华优秀传统文化、革命文化和社会主义先进文化并列提出,为文化自信和中华民族文化复兴指明了奋斗方向。

中华优秀传统文化是中国文化之"古",革命文化与社会主义先进文化为中国文化之"今"。革命文化和社会主义先进文化是有具体的创造主体和创造基础的。这个创造主体,就是中国共产党和党所领导的中国人民;这个创造基础,就是中国共产党领导中国人民所进行的近百年的伟

---

① 《江泽民文选》第三卷,人民出版社 2006 年版,第 276 页。
② 《中共中央关于深化文化体制改革　推动社会主义文化大发展大繁荣若干重大问题的决定》,人民出版社 2011 年版,第 11 页。

大斗争。这个伟大斗争包括了领导中国人民所进行的革命、建设、改革,正是这个伟大斗争塑造了现代中国,创造了中国的新经济和新政治,革命文化与社会主义先进文化正是在这个基础上发展起来的新文化。

社会主义先进文化既汲取了中华优秀传统文化的丰厚养料,也是革命文化在新时期创新发展的成果。在西方文明的冲击与入侵下,中西方文化的碰撞与融合构成了近代中国社会变动的最深刻因素之一。面对纷繁复杂的古今中外文化,中国先进知识分子在近百年屈辱的历史进程中,最终选择了马克思主义作为中国革命与建设的指导思想,引领中国走向文化自信的复兴之路。马克思主义与中国革命文化实际相结合,形成了中国特色的新民主主义革命文化思想;马克思主义与中国建设文化相结合,形成了社会主义先进文化体系。中国共产党革命文化思想和社会主义先进文化的形成与发展过程,就是以传统文化为根基,以马克思主义为指导思想,与中国共产党在革命和建设的文化实践中相结合的历史过程。[①] 因此,三种形态的文化前后相继的链条中,革命文化处于承上启下、承前启后的重要位置,三种文化相互区别又古今相通,成为中国特色社会主义文化不断繁荣发展的丰厚资源与养料。

第三节　革命精神

恩格斯指出:“一个知道自己的目的,也知道怎样达到这个目的的政党,一个真正想达到这个目的并且具有达到这个目的所必不可缺的顽强精神的政党,——这样的政党将是不可战胜的”。中国共产党就是一个始终具有顽强精神的政党。中国共产党在伟大革命实践中孕育形成的革命精神,是党的初心和使命在不同历史阶段、历史事件和历史人物中的具体体现,是启发和激励一代代中国共产党人不忘初心、继续前进的重要精神动力,是中华民族的宝贵精神财富和中国共产党的巨大政治优势。[②] 一般来说,中国共产党的革命精神谱系的分类主要通过中共中央文献、公

---

① 参见李燕、张秦:《试析革命文化与社会主义先进文化之关系》,《学校党建与思想教育》2017年第22期。

② 参见张政:《“红船精神”:跨越时空的力量》,《光明日报》2017年12月28日。

认的系列读本、相关著作以及其他权威性的学术成果。对不同历史阶段、历史事件和历史人物体现的革命精神进行坐标整理,可以勾勒出相对完整的中国共产党的革命精神谱系图。

从伴随历史演进过程和中国社会的前进步伐来看,革命精神谱系的阶段性是从共时性和历时性两个向度呈现出来的,包括革命、建设和改革三个历史时期形成的革命精神。其中,在新民主主义革命时期,我们党形成了红船精神、井冈山精神、苏区精神、长征精神、延安精神、沂蒙精神、红岩精神、西柏坡精神、雨花英烈精神等革命精神。在社会主义革命和建设时期,我们党形成了抗美援朝精神、大庆精神、铁人精神、红旗渠精神、雷锋精神、焦裕禄精神、"两弹一星"精神等革命精神。在改革时期,我们党形成了女排精神、拓荒牛精神、孔繁森精神、抗洪精神、抗击"非典"精神、抗震救灾精神、北京奥运精神、载人航天精神、劳模精神、塞罕坝精神等革命精神。

从历史事件的文化底蕴和地域差异来看,中国共产党的革命精神谱系是中国共产党和人民群众超越时间与空间的边界,共同创造、践行的。例如,先驱精神、红船精神、井冈山精神、苏区精神、长征精神、抗战精神、延安精神、西柏坡精神、沂蒙精神、红岩精神以及八一精神、古田会议精神、琼崖精神、百色起义精神、东北抗联精神,属于革命文化的范畴;大庆精神、焦裕禄精神、红旗渠精神、雷锋精神以及改革开放时期的特区精神、抗震救灾精神等,属于社会主义先进文化的范畴;这些革命精神都贯穿于中华优秀传统文化。从地域划分来看,红船精神是中国革命精神之源,此后形成的井冈山精神、苏区精神、延安精神、沂蒙精神、红岩精神、西柏坡精神、红旗渠精神、塞罕坝精神等革命精神,各具地区特色,又一脉相承、接力发展,共同构成了中国共产党完整的精神链条和整体精神风貌。单从历史事件来看,革命精神还包括八一精神、长征精神、"两弹一星"精神、拓荒牛精神、抗洪精神、抗击"非典"精神、抗震救灾精神、北京奥运精神、载人航天精神等等。

此外,历史人物也是中国共产党革命精神谱系的重要坐标。雨花英烈精神、抗美援朝精神、大庆精神、铁人精神、红旗渠精神、雷锋精神、焦裕禄精神、女排精神、孔繁森精神、劳模精神、琼崖精神、东北抗联精神等等都涉及英雄人物。这些革命英雄是革命文化和革命精神的叙事支点。

因此,中国共产党在近百年的艰苦奋斗历程中形成的独特革命精神谱系,建构了丰碑高耸的一个个精神坐标,成为强大的精神支撑和宝贵的精神财富。彰显中国共产党人精神谱系的当代价值,使之成为实现中华民族伟大复兴的精神力量,也是当代中国共产党人肩负的责任和使命。

一、革命精神之内涵

"人无精神则不立,国无精神则不强。精神是一个民族赖以长久生存的灵魂,唯有精神上达到一定的高度,这个民族才能在历史的洪流中屹立不倒、奋勇向前。"[1]任何精神形态的出现,都有一定的实践基础和历史条件,扎根于本民族的传统精神与文化,并吸收和借鉴时代精神的精华。中国革命精神是先进的精神文化形态,是中国共产党人的政治信仰、政治理论、政治纲领、政治制度、政治实践在中国革命实践中的精神凝聚与内在统一,是中国共产党人和人民军队的世界观、政治观、革命观、价值观、群众观等在精神形态的内在联系和本质反映。[2]

中国共产党的革命精神,既是中华民族精神的传承创新与科学升华,又是中国共产党性质、宗旨与中国共产党人品格、气质的集中体现,这一概念有确定的内涵与外延。首先,它是在中国共产党领导下形成的革命精神传统,不同于中国历史上资产阶级或农民起义的革命精神,也不同于国外任何阶级属性的革命精神;其次,这一革命精神以马克思主义为指导,这是它的理论基础和主要思想资料来源;再次,它产生于五四爱国运动之后,形成于中国长期的革命斗争实践中。[3]

人类文化的历史从根本上讲是人类精神的历史,精神造就了人类的文化,并成为文化的主心骨。革命文化的灵魂是革命精神,中国共产党的革命精神就是中华优秀传统文化、革命文化和社会主义先进文化在精神层面的重要标识。革命文化包含物质文化和非物质文化两个方面。其

---

[1]　习近平:《在纪念红军长征胜利80周年大会上的讲话》,人民出版社2016年版,第9页。

[2]　参见李康平:《马克思主义中国化的重大精神成果——论中国革命精神》,《思想理论教育导刊》2014年第10期。

[3]　参见刘孚威主编:《井冈山精神:中国革命精神之源》,江西人民出版社1999年版,第262页。

中,物质文化表现为遗物、遗址等革命历史遗存与纪念场所;非物质文化包括井冈山精神、长征精神、延安精神、雨花英烈精神、抗战精神等革命精神。① 革命文化和革命精神是互生互进的关系,革命文化内生动力是在革命斗争的实践中对现有文化的传承与发展,各阶段的革命文化具有不同的革命精神特征。革命文化伴随时代变化而变化,其本身也经历了从出现、形成到自我纠偏等历史过程,革命精神也具有特定历史时期和历史环境的不同反映,形成了理论联系实际、密切联系群众、批评和自我批评等优良作风。因此,中国共产党的革命精神不仅深深植根于中华优秀传统文化,是对中华优秀传统文化和民族精神的继承和升华,又吸收和借鉴了世界文明优秀成果,并在新时代又使社会主义先进文化呈现出更加鲜明的中国特色,体现出文化与革命精神的时代关联与内涵融合;中国共产党的革命精神坚守和弘扬党的革命文化传统,体现出革命文化的内在精神和根本品格。

中国共产党的革命精神,已经被中国革命的胜利史实、社会主义建设和改革开放的成功实践所验证,其历史价值和时代功用揭示出巨大的思想价值和精神价值。中国共产党的革命精神首先是在新民主主义革命时期,在我们党领导全国各族人民开展的为实现民族独立和人民解放的伟大革命斗争中形成起来的,表现为红船精神、井冈山精神、长征精神、延安精神等具体形态。这些精神在社会主义革命和建设时期,以及当前的改革开放新时期,得到进一步延伸和发展。革命精神所蕴含的国家观、社会观、民族观和个体道德观是中国共产党领导人民进行伟大社会革命的精神成果,为培育和践行社会主义核心价值观、引领当代社会思潮、打牢中华民族和中国共产党之魂、提高文化自觉自信提供了精神本源和实践支撑。

二、革命精神之谱系

"历史、现实、未来是相通的。历史是过去的现实,现实是未来的历史"②,

---

① 参见徐彬等编:《海霞精神研究——一种"革命文化"的价值》,浙江工商大学出版社2017年版,第2页。

② 中共中央宣传部编:《习近平总书记系列重要讲话读本》,学习出版社、人民出版社2014年版,第178页。

中国共产党的革命精神是党的思想理论的生动体现,是党领导的革命、建设和改革实践的智慧凝结,呈现出一以贯之的传承特征,且打上鲜明的时代烙印。作为一种意识表征,精神不会超越其具备的客观历史条件。从历史的逻辑来看,传统养分、理论资源、实践基础、主体条件是中国共产党及其革命精神形成不可或缺的要素。革命精神是中国共产党人政治信仰、政治理论、政治实践的内在凝聚,是中国共产党人的世界观、革命观、群众观等精神形态的本质反映。改革开放以来市场的逐利性将人们裹挟到物质化的单向度发展通道,在现代性的发育过程中个体主体性逐步迷失,表现为精神的萎靡和物质的堕化,革命精神存在的最大价值在于推动革命实践发展。[①]

中国共产党革命精神是凝练于社会全领域、贯穿于中国共产党成立以来全部革命实践过程的革命精神。不论革命、建设还是改革开放,虽有时空轮转、时代变迁以及客体更替造成的革命目标、对象和使命的差异性及鲜明的时代性,但作为革命主体的中国共产党人的初心和实现共产主义的终极革命目标始终未变,革命、建设和改革的本质逻辑是救国、兴国和强国的历史演进,建设和改革就是革命事业在新时代背景下的继续发展。因而,中国共产党的革命精神在革命、建设与改革过程中的表现形态都是宏观意义上的革命精神的体现,是一以贯之的,不存在放弃和过时的问题[②],它在新时代的新形态激励着中国共产党人为伟大事业继续奋斗,是实现中华民族伟大复兴历史进程中的时代延续和升华。

从中国共产党领导人民进行伟大社会革命的历史进程来看,我们党在革命、建设和改革的各个历史时期,接连奋斗产生了系列革命精神,共同构筑了中国共产党的革命精神谱系。在近一个世纪的风雨征程中绵延积淀,中国共产党的革命精神谱系为全党全国各族人民建构了历史长河中的精神坐标,成为伟大革命精神的脊梁和主脉,表达着崇高的初心使命。

---

① 参见孙倩倩、张平:《中国共产党革命精神赓续与弘扬的三维向度》,《思想理论教育》2018 年第 11 期。

② 参见刘建军、张韬喆:《坚定文化自信 加强革命精神研究》,《中国高等教育》2018 年第 19 期。

　　首先,在新民主主义革命时期,我们党形成了红船精神、井冈山精神、苏区精神、长征精神、延安精神、沂蒙精神、红岩精神、西柏坡精神、雨花英烈精神等革命精神。

　　红船精神是中国共产党革命精神之源。大党与小船在革命风暴中的因缘际会,既是一种偶然,也因为象征着中国革命经由苦难走向辉煌而具有更深厚的历史意味。恰如习近平总书记所言,"红船所代表和昭示的是时代高度,是发展方向,是奋进明灯,是铸就在中华儿女心中的永不褪色的精神丰碑。"①从此,以"开天辟地、敢为人先的首创精神,坚定理想、百折不挠的奋斗精神,立党为公、忠诚为民的奉献精神"为精神内核的红船精神,为党的革命精神谱系奠定了根基,打牢了底色。

　　井冈山精神是在革命斗争时期中国共产党人把马克思主义基本原理与中国革命实际相结合,开辟适合国情的井冈山道路的同时又受到中华民族优秀文化的积极影响而孕育形成的原创性的民族精神。"井冈山是中国革命的摇篮。井冈山时期留给我们最为宝贵的财富,就是跨越时空的井冈山精神。"②其中,坚定信念、艰苦奋斗,是井冈山精神的灵魂;实事求是、敢闯新路,是井冈山精神的核心;依靠群众、勇于胜利,是井冈山精神的基石。井冈山精神最重要的价值,在于它在开创中国革命崭新时期和开辟中国革命独特道路上所具有的示范性和先导性。③

　　苏区精神是在革命根据地的创建和发展中,在建立红色政权、探索革命道路的实践中,无数革命先辈用鲜血和生命铸就的。以"坚定信念、求真务实、一心为民、清正廉洁、艰苦奋斗、争创一流、无私奉献"为主要内涵的苏区精神,既蕴含了中国共产党人革命精神的共性,又显示了苏区时期的特色和个性,是中国共产党人政治本色和精神特质的集中体现,是中华民族精神新的升华。④

　　抗战精神是一种伟大的民族精神,是中华民族在抗日战争中锤炼和

---

① 习近平:《弘扬"红船精神"　走在时代前列》,《人民日报》2017年12月1日。
② 《习近平春节前夕赴江西看望慰问广大干部群众》,《人民日报》2016年2月4日。
③ 参见江西省中国特色社会主义理论体系研究中心:《井冈山精神的历史形成、基本内涵与时代价值》,《人民日报》2011年5月13日。
④ 参见温树峰:《近十年苏区精神研究述评》,《党史文苑》2017年第24期。

升华的爱国主义精神。伟大的抗战精神,"向世界展示了天下兴亡、匹夫有责的爱国情怀,视死如归、宁死不屈的民族气节,不畏强暴、血战到底的英雄气概,百折不挠、坚忍不拔的必胜信念。伟大的抗战精神,是中国人民弥足珍贵的精神财富,永远是激励中国人民克服一切艰难险阻、为实现中华民族伟大复兴而奋斗的强大精神动力。"①

长征精神是中国共产党人及其领导的人民军队革命风范的生动反映,是中华民族自强不息的民族品格的集中展示,是以爱国主义为核心的民族精神的最高体现。伟大长征精神,就是把全国人民和中华民族的根本利益看得高于一切,坚定革命的理想和信念,坚信正义事业必然胜利的精神;就是为了救国救民,不怕任何艰难险阻,不惜付出一切牺牲的精神;就是坚持独立自主、实事求是,一切从实际出发的精神;就是顾全大局、严守纪律、紧密团结的精神;就是紧紧依靠人民群众,同人民群众生死相依、患难与共、艰苦奋斗的精神。② 两万五千里的长征路在艰难中开创了中国革命的新局面,不仅是中国革命史中的辉煌篇章和中华民族的宝贵精神财富,也是今天指引我们实现中华民族伟大复兴中国梦伟大事业进程的坚定信念和前进动力。

延安精神是中国共产党人在抗日战争和解放战争时期,领导争取民族独立、人民解放的时代精神,是理想信念、精神风貌、思想品德、工作与生活作风的精华和结晶。延安精神以坚定正确的政治方向,解放思想、实事求是的思想路线,全心全意为人民服务的根本宗旨,自力更生、艰苦奋斗的创业精神为基本内容,是延安时期形成的抗大精神、延安整风精神、南泥湾精神、张思德精神、白求恩精神、延安县同志们的精神和劳模精神等原生形态精神的总汇。延安精神是中国共产党人彻底的革命精神和升华了的民族精神,是内化在党的优良传统和作风中的灵魂,展示出中国共产党人形象的群体精神。③

---

① 习近平:《在纪念中国人民抗日战争暨世界反法西斯战争胜利 69 周年座谈会上的讲话》,人民出版社 2014 年版,第 11 页。

② 参见习近平:《在纪念红军长征胜利 80 周年大会上的讲话》,人民出版社 2016 年版,第 8—9 页。

③ 参见本刊记者:《延安精神的基本内涵及其现实意义——访中国社会科学院马克思主义研究院顾问有林》,《马克思主义研究》2008 年第 7 期。

沂蒙精神与延安精神、井冈山精神、西柏坡精神一样，是军民水乳交融、生死与共铸就的宝贵精神财富。以"爱党爱军、开拓奋进、艰苦创业、无私奉献"为主要内涵的沂蒙精神，是在长期实践中形成的宝贵精神财富，是山东人民在党的坚强领导下团结奋斗、开拓创新精神风貌的集中体现，是中华民族自强不息的强大精神力量。[①] 沂蒙精神历经战争年代的洗礼、建设时期的陶冶、改革时期的考验，在每一历史时期，沂蒙精神都起到了巨大的推动作用。

红岩精神是在中共中央的领导下，以周恩来为代表的南方局老一辈无产阶级革命家、共产党人和革命志士，在从抗日战争时期到解放战争初期充满艰难险阻斗争的国统区中形成的革命精神。它有着极其丰富的科学内涵；刚柔相济、锲而不舍的政治智慧；"出淤泥不染，同流不合污"的政治品格；以诚相待、团结多数的宽广胸怀；善处逆境、宁难不苟的英雄气概；等等。[②] 2018年3月，习近平总书记在参加全国人大会议重庆代表团审议时，深刻指出："我们要经常想一想红岩先烈们的凛然斗志、英雄气概，时刻用坚定理想信念补精神之钙"。因此，要传承"红岩精神"，树起红岩先烈精神榜样，立起"红岩精神"时代坐标，让"红岩精神"在新时代发出更加耀眼的光芒。

西柏坡精神是我们党在西柏坡时期所形成的特定精神，产生于这一时期即解放战争时期我们党所领导并从事的革命实践。中共中央曾在西柏坡指挥了辽沈战役、淮海战役、平津战役三大战役，并取得战略决胜胜利，为建立新中国奠定了物质基础，并孕育形成了以"两个务必"[③]为核心的西柏坡精神，为夺取全国政权后经受住执政考验，做了充分的精神准备。习近平总书记指出："'两个务必'……包含着对我国几千年历史上治乱规律的深刻借鉴，包含着对我们党艰苦奋斗历程的深刻总结，包含着对胜利了的政党永葆先进性和纯洁性、对即将诞生的人民政权实现长治

---

① 参见山东省沂蒙精神研究课题组：《大力弘扬沂蒙精神　建设核心价值体系》，《人民日报》2011年9月6日。

② 周勇：《红岩精神研究的几个基本问题》，《党的文献》2009年第2期。

③ "两个务必"是面对革命即将胜利的新形势、新任务、新变化，毛泽东同志告诫全党提出的，即务必使同志们继续地保持谦虚、谨慎、不骄、不躁的作风，务必使同志们继续地保持艰苦奋斗的作风。

久安的深刻忧思，也包含着对我们党坚持全心全意为人民服务根本宗旨的深刻认识，思想意义和历史意义十分深远。"①

雨花英烈精神是在争取民族独立、人民解放的历史进程中，中华民族一大批的优秀儿女在雨花台用生命为新中国的诞生铺平了前进的道路，用热血铸就出的一种时代精神。以"崇高理想信念、高尚道德情操、为民牺牲的大无畏精神"为内涵的雨花英烈精神②，既是雨花台烈士英勇事迹的集中体现，也应是"雨花英烈精神"的主要内涵，凸显了雨花英烈们为新民主主义革命献出生命、在党的困难时期艰苦斗争、在全民族抗战中发挥中流砥柱作用、在黎明前的黑暗中坚守光明的波澜历程，它照亮了沉沉黑夜的旧中国，也照亮了实现中华民族伟大复兴中国梦的奋斗道路。

其次，在社会主义革命和建设时期，我们党形成了抗美援朝精神、大庆精神、铁人精神、红旗渠精神、雷锋精神、焦裕禄精神、"两弹一星"精神等革命精神。

抗美援朝精神是中国共产党和人民军队在伟大的抗美援朝战争中锻造出来的革命精神，包括祖国和人民利益高于一切、为了祖国和民族的尊严而奋不顾身的爱国主义精神；英勇顽强、舍生忘死的革命英雄主义精神；不畏艰难困苦、始终保持高昂士气的革命乐观主义精神；为完成祖国和人民赋予的使命、慷慨奉献自己一切的革命忠诚精神；为了人类和平与正义事业而奋斗的国际主义精神。③ 抗美援朝精神，是我们战胜强大的敌人，赢得战争胜利的基本保证，也是我们国家、民族和军队的宝贵精神财富。

大庆精神、铁人精神植根于大庆沃土，贯穿于油田开发建设和城市兴起繁荣全过程，应时而生的实践性是其本质所在，顺势而变的创新性是其生命所在。它的主要内涵是"爱国、创业、求实、奉献"，具体表现为"为国争光、为民族争气的爱国主义精神；独立自主、自力更生的艰苦创业精神；讲求科学、'三老四严'的求实精神；胸怀全局、为国分忧的奉献精神"。

---

① 《党面临的"赶考"远未结束——习近平总书记再访西柏坡侧记》，《人民日报》2013 年 7 月 14 日。

② 参见孙敏、魏晓敏：《雨花英烈，用信仰照亮未来》，《新华日报》2019 年 4 月 2 日。

③ 参见王相坤：《从抗美援朝战争到抗美援朝精神》，《光明日报》2019 年 4 月 27 日。

大庆精神、铁人精神集中体现了中国工人的崇高品质和精神风貌,已成为中华民族伟大精神的重要组成部分。

红旗渠精神是党领导人民历时 10 年,绝壁穿石、挖渠千里,在修建长达 1500 公里的"人工天河"——红旗渠的过程中形成的"自力更生,艰苦创业,团结协作,无私奉献"的革命精神。它所体现出的对党忠诚的政治品格、无惧无畏的担当精神、实干苦干的过硬作风、一介不取的廉洁操守的核心内涵,是共产党人价值观的具体表现。作为实现中国梦的典范,红旗渠精神激励了一代又一代人为建设更加美好的生活艰苦创业、不懈奋斗。①

雷锋精神是以雷锋的名字命名,以雷锋的精神为基本内涵。其核心就是全心全意为人民服务,在工作、生活、学习中体现"向上";在价值观、理想信念、人际交往中展现"向善",处处释放着道德文明的正能量。习近平总书记指出:"雷锋精神是永恒的,是社会主义核心价值观的生动体现。"半个多世纪以来,中国社会经历了深刻的经济转型和社会变革,但雷锋精神焕发着永恒的魅力,激励人们无私奉献、做一颗永不生锈的螺丝钉,它是在任何时代都值得弘扬的精神。②

焦裕禄精神是一种向焦裕禄同志学习的精神,习近平同志在 2009 年就曾把焦裕禄精神概括为"亲民爱民、艰苦奋斗、科学求实、迎难而上、无私奉献"。习近平总书记这样评价焦裕禄精神:"无论过去、现在还是将来,都永远是亿万人们心中一座永不磨灭的丰碑,永远是鼓舞我们艰苦奋斗、执政为民的强大思想动力,永远是激励我们求真务实、开拓进取的宝贵精神财富,永远不会过时。"焦裕禄精神的永恒价值在于彰显了对党忠诚、坚定信念的政治品格,彰显了为党分忧、为党尽责的使命担当,彰显了为民解难、为民造福的奉献精神。③

"两弹一星"精神即"热爱祖国、无私奉献,自力更生、艰苦奋斗,大力协同、勇于登攀"的精神,爱国奋斗是核心内容。"两弹一星"精神是广大研制工作者在我国物质技术基础十分薄弱的条件下为"两弹一星"事业

---

① 参见李恩东:《让红旗渠精神在新时代彰显价值内涵》,《光明日报》2018 年 7 月 25 日。
② 参见华东方:《雷锋精神的时代意义》,《人民日报》2019 年 3 月 4 日。
③ 参见席建设:《用焦裕禄精神奏响新时代奋进曲》,《光明日报》2018 年 10 月 18 日。

进行的奋斗中锻造形成的,它激励着一代代科技工作者投入到祖国发展的伟大事业之中、融入到人民创造历史的伟大奋斗之中。"两弹一星"精神是爱国主义、集体主义、社会主义和科学精神的体现,是中国人民在20世纪为中华民族创造的新的宝贵精神财富。①

再次,在改革时期,我们党形成了女排精神、拓荒牛精神、孔繁森精神、抗洪精神、抗击"非典"精神、抗震救灾精神、北京奥运精神、载人航天精神、劳模精神、塞罕坝精神等等。

女排精神是在20世纪80年代初这个特殊时期,中国渴望崛起、向世界敞开大门之时,将"团结起来,振兴中华"的爱国情怀付诸体育比赛并开创我国大球翻身新篇章过程中展示出的巨大精神力量。"无私奉献、团结协作、艰苦创业、自强不息"的女排精神,是对胜利的渴望和对冠军的不懈追求的精神,是严谨扎实的奋斗精神,是担当包容的团结精神,是每球必争的拼搏精神,是为国争光的爱国主义精神。② 女排精神不仅是中华体育精神的高度凝练,也是中华民族精神和时代精神的集中体现,它已经超越体育层面,激励一代代国人为国争光、团结奋进、顽强拼搏,成为鼓舞全国各族人民不断前行的精神力量。

拓荒牛精神是深圳特区建设时第一批拓荒深圳的大群体,即"特别能吃苦、特别能战斗、特别能奉献"的"特区的拓荒牛",进行深圳基建工程实践过程中形成的"深圳精神"。1987年,深圳将特区建设的"拓荒牛精神"概括为"开拓、创新、献身"。2002年将"深圳精神"扩充为"开拓创新、诚信守法、务实高效、团结奉献"。"拓荒牛精神"是在中华民族、中国共产党、人民军队优秀的思想传统熏陶和滋养下,在前无古人的改革开放大潮中、经济特区火热的工作生活实践中,孕育出来的一种新精神,有新时期鲜明深刻的时代烙印,具有强大的生命力。③

孔繁森精神是改革开放条件下共产党人行为准则和道德规范的具体表现,是孔繁森投身艰苦环境,不断升华人生境界的逻辑结果。④ 它是雷

---

① 参见李斌:《"两弹一星"精神的内涵与体现》,《人民政协报》2018年1月25日。
② 参见颜吾佴:《中国女排精神带给我们的启示》,《中国高等教育》2017年第8期。
③ 参见段亚兵:《"拓荒牛精神"是深圳奋进的不竭动力》,《光明日报》2018年7月13日。
④ 参见吉宣文:《论孔繁森精神》,《求是》1995年第15期。

锋精神、焦裕禄精神等在新时期的丰富和发展，是中国特色社会主义文化的价值体现，是民族精神和党的优良传统在新的历史条件下的升华。孔繁森精神展现出顾全大局、无私奉献的坚强党性；热爱人民、服务人民的公仆情怀；清正廉洁、克己奉公的高尚品德；艰苦奋斗、知难而进的拼搏精神；开拓进取、求真务实的优良作风，集中体现了以集体主义为主导的精神价值，是激励和鼓舞中国人民奋进的巨大榜样力量。

抗洪精神产生于1998年的特大洪水，是为全党全军全国人民团结奋战、力挽狂澜，确保人民生命财产的安全，将损失减少到最小程度而表现出来的伟大精神。抗洪精神以其"万众一心、众志成城，不怕困难、顽强拼搏，坚韧不拔、敢于胜利"的精神内涵，①体现了中国人民强大凝聚力、革命英雄主义气概、坚强的意志和必胜的信念，是我们在改革开放的条件下，战胜困难，扫除障碍，大步跨向新世纪的时代精神。

抗击"非典"精神是全党和全国各族人民面对非典型肺炎这场突如其来的重大灾害时，继承和发扬民族精神的同时与新的实践相适应形成的新的民族精神，为民族精神增添了一笔新的宝贵财富。它是"万众一心、众志成城，团结互助、和衷共济，迎难而上、敢于胜利"的精神，支撑我们顽强奋战，直至全胜；推动我们万众一心创造幸福生活，拥抱美好明天。②

抗震救灾精神是中国共产党在新时期带领全国各族人民在全面建成小康社会的道路上，在处理人与自然的关系过程中展现出的精神品格与气质，是中华民族文化精神延续和发展的宝贵成果。③以"万众一心、众志成城，不畏艰险、百折不挠，以人为本、尊重科学"为精神内涵的抗震救灾精神，是民族精神与时代精神在社会主义中国的交融激荡，激励着中华民族以新的姿态大踏步走向未来。

北京奥运精神作为体育文化意识形态的本质内容，表现为"以人为本，大众参与的体育实质；更高、更快、更强的进取精神；公开、公正、公平

---

① 参见尹航：《抗洪精神的由来》，《人民政协报》2017年1月5日。
② 参见任仲平：《筑起我们新的长城——论抗击非典的伟大精神》，《人民日报》2003年5月15日。
③ 参见康厚德、黄莉：《弘扬"红船精神"凝聚抗震救灾伟大力量》，《光明日报》2018年9月7日。

的法治原则"。① 北京奥运精神以其为国争光的爱国精神,艰苦奋斗的奉献精神,精益求精的就业精神,勇攀高峰的创新精神,团结协作的团队精神,②显示出中国人民巨大的民族自尊心、自信心、自豪感和凝聚力,振奋民族精神。

载人航天精神是在航天事业的伟大实践中铸就的"特别能吃苦、特别能战斗、特别能攻关、特别能奉献"的伟大精神。载人航天事业的辉煌成就,彰显了新时代中国特色社会主义的生机活力,见证了我国从航天大国向航天强国的不断迈进。载人航天精神深深熔铸着以爱国主义为核心的民族精神和以改革创新为核心的时代精神,不仅是托起飞天梦的精神之翼,更是全体中国人民的宝贵民族精神财富。③

劳模精神以"爱岗敬业、争创一流,艰苦奋斗、勇于创新,淡泊名利、甘于奉献"④为主要精神内涵。劳动的内涵在更新,劳模的标准在"进阶",但内涵丰富的劳模精神始终是工人阶级伟大品格的具体体现,生动诠释了社会主义核心价值观,丰富了民族精神和时代精神的内涵,激励全国各族人民团结奋斗、勇往直前。

塞罕坝精神是自1962年建场以来,三代塞罕坝人在极其恶劣的自然条件和生态环境下建成了世界上面积最大的人工林,创造了沙漠变绿洲、荒原变林海的绿色奇迹过程中形成的"牢记使命、艰苦创业、绿色发展"的精神。⑤ 塞罕坝精神构筑起社会主义建设总体布局的"绿色谱系",鼓舞和激励全党全国各族人民为推进绿色发展、建设生态文明而不懈奋斗。

三、雨花英烈精神之谱系坐标

在实现中华民族伟大复兴的奋斗历程中,中国共产党人日臻形成能够涵养后人灵魂的革命精神谱系,革命精神谱系不断延伸,不论环境如何

---

① 王德瑜:《奥运精神对当代青年的激励作用分析》,《中国青年研究》2008年第4期。
② 参见何鹏程编著:《探索中国精神 大国筋骨是这样炼成的》,广东经济出版社2015年版,第119—120页。
③ 参见章文:《载人航天精神:托起飞天梦的精神之翼》,《光明日报》2018年12月28日。
④ 智春丽:《弘扬劳模精神》,《人民日报》2019年4月30日。
⑤ 参见曹前发:《塞罕坝精神的内涵与由来》,《人民政协报》2018年1月11日。

变迁,信念坚定、勇于奋斗、甘于奉献等精神始终是中国共产党精神谱系的基本内核。雨花英烈精神以马克思主义为理论基础,蕴含着中国共产党和中国革命的历史实践,是中华优秀儿女用生命浇灌出的文明之花,成为中国共产党革命精神谱系的重要组成内容,集中体现了共产党人"崇高理想信念、高尚道德情操、为民牺牲的大无畏精神"。不忘历史才能开辟未来,善于继承才能善于创新。当前,要从共性与特性、历史与现实两个逻辑层面来深刻认识雨花英烈精神的谱系坐标。

(一)共性与特性共筑的雨花英烈精神

2014 年 12 月,习近平总书记在江苏调研期间指出,在雨花台留下姓名的烈士就有 1519 名,他们的事迹展示了共产党人的崇高理想信念、高尚道德情操、为民牺牲的大无畏精神。

所谓共性,就是我们提倡的精神必须属于革命精神。在中国革命的不同历史阶段形成过许多精神,如红船精神、井冈山精神、长征精神、延安精神、抗美援朝精神、雷锋精神等等,这些都是一脉相承的革命精神。雨花英烈精神同其他革命精神一样,是在共产党领导的人民革命运动中所产生的,是中华民族优秀斗争精神的传承与发扬,是激励中华民族不断前进的精神财富和精神动力,体现出中华民族自强不息的优秀品格,反映了中国共产党同广大人民群众的血肉联系,具有价值引领、精神激励、实践动力等重要作用。

在不同的时代背景与历史条件下,革命斗争运动所凝聚的精神特质也不同。雨花英烈精神具有独特性。所谓独特性,就是这种精神具有的独特内涵,即一种精神提出之后不能被其他精神所替代,而且能够经受住时间的考验。从本质特征来看,雨花英烈精神是在国共两党内部的斗争中,处于隐蔽战线的共产党人被捕至南京雨花台后,面对残酷迫害时所集中体现的革命品质和革命精神。[①] 从具体特征来看,第一,雨花英烈精神是对信仰的终极检验。雨花台是革命者的断头台,到此生命就结束了,它是终极检验,没有或然性,既然是终极,那么这个坚定就是最明确的;第

---

① 参见秦在东、肖薇薇:《雨花英烈精神的科学内涵、现实功能及时代价值》,《学校党建与思想教育》2015 年第 23 期。

二,雨花台烈士中不少是剥削阶级出身的共产党人,他们拯救劳苦大众,这一点很重要,拯救别的阶级的人更显出信仰坚定;第三,相对我们党的其他革命阶段产生的精神,雨花英烈精神牺牲的高度很鲜明,不管是西柏坡精神还是延安精神都是有共产党这个大集体作为依托的,而雨花英烈深陷敌人铁窗,远离组织,在这种特殊严酷环境下的斗争,就更彰显了牺牲精神。[①]

(二)历史与现实交织的雨花英烈精神

当今世界,几乎所有的资源都是有限的,但精神文化资源不会枯竭。具体到雨花英烈精神,毫无疑问,它是一种革命精神,反映了党在革命年代的初心和使命,是继承和发扬党的优良传统的极大展现和对国家民族革命现实绝对忠诚的终极检验。雨花台革命烈士的英勇事迹,是中共党史长卷中极其英勇悲壮的一章,雨花台革命烈士的不朽精神,是中国共产党最为宝贵的精神财富,是中国共产党人精神家园的重要组成部分,是红色文化基因不可或缺的内容。

从历史角度来看,近代以来的革命传统构成了中华民族的重要文化基因,雨花英烈精神伴随党在近代以来伟大社会革命背景形成并走上历史舞台。雨花台是新民主主义革命时期革命先烈最集中的殉难地,在此留下姓名的烈士就有 1519 名,其中大多出身富家,受过良好的高等教育,牺牲时平均年龄不到 30 岁。到底是什么能让他们义无反顾、慷慨赴死?在极端艰苦、极端凶险的环境下,革命先烈为了民族解放和人民幸福,不惜抛头颅、洒热血,是一种什么样的力量在支撑着他们? 这种力量的源泉就是追求理想与信仰的使命精神。他们用生命告诉我们什么是信仰。雨花英烈表现出了坚定的共产主义理想和信念。他们为了共产主义事业,顶住各种威逼利诱和严刑拷打,他们不惜牺牲自己的精神,正是我们要继承和发扬的革命遗志和远大理想。

雨花英烈有崇高的道德风范,舍小家顾大家的革命情怀。他们大多处于社会上层。为了救国救民,他们放弃了这一切,充分体现了共产党人

---

① 参见郑晋鸣:《弘扬雨花英烈精神 用好用活党史资源——"雨花英烈精神"研讨会发言摘编》,《光明日报》2015 年 11 月 15 日。

的无私奉献精神。中共吴县县委书记朱杏南,家境富足,有田产 200 多
亩,又与朋友合资兴办酒坊,收入丰厚。为了筹措革命活动经费,不惜变
卖家产,为营救被捕的同志,还动员妻子卖掉了金银首饰。任天石烈士为
革命毅然放弃收入丰厚的工作,弃医从戎加入了中国共产党。面对荣华
富贵,雨花英烈们洁身自好,不为利惑,俭以奉公,在利益面前的取舍与抉
择展示了共产党人崇高的道德情操。①

　　从现实角度来看,雨花英烈精神是实现中华民族伟大复兴的精神动
力,是新时代中国共产党人进行伟大斗争的精神食粮,是推进党的建设新
的伟大工程的精神文化基础,是推动新时代中国特色社会主义事业不断
取得更大胜利的红色革命文化基因的重要组成部分。② 习近平总书记在
视察江苏时强调,要用好用活这些丰富的党史资源,使之成为激励人民不
断开拓前进的强大精神力量。雨花英烈宣传紧密结合现实,为中华民族
的伟大复兴、为中国特色社会主义建设事业服务,进一步言之,即为之提
供精神动力、价值支撑,发挥育人功能。特别是在当今中国经济发展创造
奇迹,而一定范围内价值追求混乱或缺失、道德失范严重的现实面前,弘
扬雨花英烈高尚的精神追求和情操,才能更有助于我们以一种深厚的历
史意识和对民族命运的深切关怀,来理解今天承担的历史责任,为继承和
发扬党的优秀传统、培育和践行社会主义核心价值观凝聚最广大人民群
众投身到中国革命和建设事业中来。

　　"今天,我们比历史上任何时期都更接近、更有信心和能力实现中华
民族伟大复兴的目标。"③但是,在极端复杂和多极竞争的国际环境下,在
一个地域辽阔、人口众多、改革和发展进入攻坚期、全面建成小康社会进
入决胜期、发展与稳定任务并重的大国,要实现"两个一百年"奋斗目标
和实现中华民族伟大复兴的中国梦,仍然是一项长期而艰巨的历史任务。
雨花英烈精神作为中国共产党人红色基因和精神谱系的重要组成部分,

---

① 参见宋广玉:《雨花英烈精神是今人最好的"营养剂"》,《南京日报》2016 年 4 月 13 日。
② 参见习近平:《决胜全面建成小康社会　夺取新时代中国特色社会主义伟大胜利——在中国共产党第十九次全国代表大会上的报告》,人民出版社 2017 年版,第 15 页。
③ 习近平:《决胜全面建成小康社会　夺取新时代中国特色社会主义伟大胜利——在中国共产党第十九次全国代表大会上的报告》,人民出版社 2017 年版,第 15 页。

已经深深融入中华民族的血脉和灵魂,成为社会主义核心价值观的丰富滋养,成为鼓舞和激励中国人民不断攻坚克难、从胜利走向胜利的强大精神动力,成为我们进行具有许多新的历史特点伟大斗争的时代引领。①

---

① 参见蒋建农:《雨花英烈精神昭示中华民族复兴路》,《世纪风采》2017 年第 2 期。

第　二　章

雨花英烈的历史演绎

　　鸦片战争后,中国陷入了内忧外患的黑暗境地,中国人民饱受战乱频仍、山河破碎、民不聊生的苦难。为了民族复兴,无数仁人志士不屈不挠、前赴后继,进行了可歌可泣的斗争,进行了各式各样的尝试,但终究未能改变旧中国的社会性质和中国人民的悲惨命运。作为中华民族的优秀儿女,包括雨花英烈在内的共产党人,把为中国人民谋幸福、为中华民族谋复兴作为自己的初心和使命,接续前人的探索奋斗,在救国救民的道路上跋涉前行。他们中的许多人出生于 19 世纪与 20 世纪之交,在伟大的民族精神和中华优秀文化的熏陶下,从青少年时期起便拥有了深深的家国情怀。五四运动前后,他们接触并接受了马克思主义,从而认清和把握了时代前进的方向,找到了改变中国社会面貌的正确道路,确立了共产主义远大理想和创建社会主义新中国的奋斗目标,走上了为中国人民谋幸福、为中华民族谋复兴的奋斗道路。从此,这一人生道路的选择,成为他们坚定理想信念,进而引领他们在中国革命的漫漫长夜中艰辛探索、执着前进、浴血奋战、英勇献身,最终成就了中国革命的最后胜利,建立了中华人民共和国的宏图大业。雨花英烈地探索在救国救民道路上留下的足迹和心声,为我们站在历史的高度感悟和认识党的初心,弄清楚党"为什么出发"提供了明确的答案。雨花英烈是革命年代共产党人奋斗牺牲的典范和崇高精神的化身,他们在漫漫革命征途中英勇无畏、敢于担当,昭示了中国共产党人的赤子之心。雨花英烈在不同历史阶段的历史演绎书写了那个艰苦卓绝年代共产党人不懈奋斗的苦难与辉煌。

第一节　大革命:"光荣北伐,革命先锋"

1924 年至 1927 年,中国大地上爆发了轰轰烈烈的反对帝国主义、反对封建军阀的大革命。为推翻北洋军阀的反动统治,争取民族独立和人民解放,中国共产党依靠和发动工农群众,与国民党合作,挥师北伐。一批共产党人和革命军人在北伐中英勇奋战,牺牲在反动军阀的屠刀之下,用鲜血和生命换来辉煌战果,成为雨花台最早的革命烈士。①

一、雨花英烈积极投身大革命的洪流

(一)北伐革命的兴起与国共合作的形成

1924 年至 1927 年,一场以推翻帝国主义在华势力和北洋军阀为目标的革命运动,似滚滚洪流席卷中国大地,人们通常把它称为"大革命"或"国民革命"。这时的各种革命力量,远不如统治着中国的帝国主义和封建势力强大。中国共产党认识到结成最广泛的统一战线的重要性,决定采取积极步骤去联合孙中山领导的中国国民党。此时的国民党大体上是代表民族资产阶级和城市小资产阶级的政党。它在几经挫折后,没有多少实力,而且成分复杂,组织松散。但它有几个不容忽视的优势:一是它的领袖孙中山在人们心目中是中华民国的缔造者,他所领导的国民党在社会上是有威信的;二是在中国南方建起了一块能够容纳各种革命力量进行活动的根据地,拥有一支数万人的军队;三是孙中山在经历多次挫折后,深感其领导的革命必须改弦易辙,真诚地欢迎共产党员同他合作,欢迎苏联援助中国革命。因此,中国共产党在准备建立统一战线时,首先同国民党合作是经过慎重选择的。

中国共产党于 1923 年 6 月 12 日至 20 日在广州召开第三次全国代表大会。出席大会的代表 30 多人,他们代表了全国党员 420 人。大会正确地估计了孙中山和国民党的革命立场,决定共产党员以个人身份加入

① 参见雨花台烈士纪念馆解说词。

国民党,实现国共合作。党的三大还明确规定,在共产党员加入国民党时,党必须在政治上、思想上、组织上保持自己的独立性。党的三大选举产生新一届中央执行委员会。中央执行委员会选举陈独秀、蔡和森、谭平山、毛泽东、罗章龙组成中央局,选举陈独秀为委员长。后来最早牺牲的雨花英烈金佛庄,此时被指定为浙江的代表,与徐梅坤、于树德一起出席了会议。党的三大以后,杭州党组织召开党员会议,由中央执行委员会候补委员、上海区委委员徐梅坤传达了三大会议精神。会后,一批党团员执行党的决议,以个人名义,跨党加入了国民党。

党的三大以后,国共合作的步伐大大加快。1923年10月初,应孙中山的邀请,苏联代表鲍罗廷到达广州,不久被聘为政治顾问。国民党的改组很快进入实行阶段。1924年1月20日至30日,国民党第一次全国代表大会由孙中山主持在广州举行。出席开幕式的代表165人中,有共产党员20多人。李大钊被孙中山指定为大会主席团成员。大会通过的宣言,对孙中山的三民主义作出新的解释:民族主义突出反对帝国主义的内容;民权主义强调民主应为"一般平民所共有";民生主义则以"平均地权""节制资本"为两大原则。这个新三民主义的政纲同中国共产党在民主革命阶段的纲领是基本一致的,因而成为第一次国共合作的政治基础。国民党一大在事实上确立了"联俄、联共、扶助农工"的三大革命政策。大会选举产生了国民党中央执行委员会。共产党员李大钊、谭平山、毛泽东、林伯渠、瞿秋白等十人当选为中央执行委员会委员或候补委员,约占总数的四分之一。虽然国民党内部情况相当复杂,但它已开始成为工人、农民、城市小资产阶级和民族资产阶级的民主革命联盟。国民党一大的成功,标志着第一次国共合作正式形成。这次合作实现后,以广州为中心,汇集全国的革命力量,很快开创出反对帝国主义和封建军阀的革命新局面。[①]

(二)工农运动的恢复与发展

国共合作的实现,促进了工农运动的恢复与发展。1924年7月,在广州沙面租界爆发数千名工人参加的工人大罢工。1925年5月,在广州

---

① 参见中共中央党史研究室:《中国共产党的九十年》,中共党史出版社2016年版,第60页。

举行的第二次全国劳动大会上,成立了中华全国总工会。1924 年 7 月起,在广州开办六届农民运动讲习所,先后由共产党人彭湃、阮啸仙、毛泽东等主持,培养了一批农民运动的骨干。在共产党人的建议下,国民党一大决定创办一所陆军军官学校(通称"黄埔军校")。1924 年 5 月,黄埔军校开学,孙中山兼任总理,蒋介石为校长,廖仲恺为党代表。11 月,旅法归来的周恩来出任军校政治部主任,开展了卓有成效的政治工作。中国共产党从各地选派党、团员和革命青年到黄埔军校学习。在第一期学生中,共产党员和共青团员共有 56 人,占总数的十分之一。在国共两党的共同努力下,国民革命的思想由南向北,在全国范围内以前所未有的规模广泛传播着。1924 年 10 月,具有进步思想的将领冯玉祥发动政变,推翻直系军阀控制的北京政府,一时控制了北京、天津一带,并把所部改编为国民军。他电请孙中山北上共商国是。11 月,孙中山离广州北上,沿途宣传召开国民会议和废除不平等条约的主张,形成广泛的政治宣传运动。在中国大地上出现一股向着帝国主义和北洋军阀势力猛烈冲击的革命洪流的同时,一股反革命逆流也逐渐显现出来。国民党内部的左右派进一步分化,国共关系逐步复杂化。中国革命面临许多新的问题需要给予回答。

1925 年 1 月 11 日至 22 日,中国共产党第四次全国代表大会在上海召开。出席大会的代表 20 人,代表了全国党员 994 人。这次大会的历史功绩是,总结国共合作一年来的经验教训,提出了无产阶级在民主革命中的领导权问题和工农联盟问题,并对民主革命的内容作了比较完整的规定,指出在反对帝国主义的同时,还要反对封建的军阀政治和经济关系。但对如何正确处理同资产阶级争夺领导权过程中的种种复杂问题,大会没有作出具体回答,对建立政权和武装的极端重要性仍缺乏认识。党的四大选举产生新一届中央执行委员会。中央执行委员会选举陈独秀、张国焘、彭述之、蔡和森、瞿秋白组成中央局,选举陈独秀为中央总书记。党的四大结束后不到两个月,3 月 12 日孙中山在北京逝世,引起全国人民的巨大悲痛。国共两党组织各界人民举行哀悼活动,广泛传播孙中山的遗嘱和革命精神,形成一次声势浩大的革命宣传活动。国民革命的呼声在全国各地更加高涨。一场新的大规模的革命风暴就要来临。

二、反动军阀屠刀之下的雨花英烈

大革命期间,党的力量还十分弱小,北伐战争开始前一年召开的中国共产党第四次全国代表大会统计的全国党员数量只有 994 人,为了推翻帝国主义支持的北洋军阀统治,实现中华民族的独立、自由、民主和统一,中国共产党人顺应大势,为夺取北伐胜利冲锋陷阵,表现出坚强的忘我精神和不怕牺牲的英勇气概。以金佛庄、顾名世、张霁帆、成律、吴光田为代表的雨花英烈,用他们年轻的生命昭示了中国共产党人为人民谋幸福的决心。[①]

(一)双重身份、最早献身:金佛庄

作为共产党员和国民党员双重身份的金佛庄,1918 年中学毕业考进了保定陆军军官学校,在那里学习了一段时间后,他目睹了北洋军阀祸国殃民和旧军队内部黑暗腐败,使他对选择从军报国的道路产生了怀疑。1919 年爆发的五四运动,更使他的思想受到猛烈的冲击,思谋另找出路。1920 年,直皖军阀开战,军校一度停办,他转而考进厦门大学,改为研究教育与文学,以求改造社会。他在厦门大学读书期间,虽然得以自由接触、探索各种新的学说和思潮,但在生活上却困难很多。囿于现实,保定军校重新复课后,金佛庄重返保定军校求学。但金佛庄仍然满腔热忱、如饥似渴地学习、研究、汲取新思想、新学说,探求人生的价值、意义和救国救民的真理。

金佛庄回到保定军校后,挥笔写下以"手段与目的"为主题的《佛庄日录》,记载了自己比较、寻求人生真谛的探索过程。这期间,他通过思考和学习,初步接受了辩证唯物主义世界观,开始信仰马克思主义。1922 年 7 月,他从保定军校第八期步兵科毕业,先在上海闸北淞沪护军使属下当见习排长,到浙江陆军部队当见习军官,在浙军第二师陈仪部下任排长。1922 年秋,经过党组织的考察,金佛庄被批准从青年团员转为中国共产党党员。这样,金佛庄就成为党在浙江省建立的第一个地方组织——中共杭州小组最初的三个党员之一。在党内,他更加自觉地从事

---

① 参见雨花台烈士纪念馆解说词。

革命工作,宣传革命运动,积极参加中国社会主义青年团杭州地委组织的"杭州青年协进会"的活动和《协进》半月刊的编辑出版工作,并为公开发行的《浙民日报》担负一部分编辑任务,宣传革命思想。

因为金佛庄能文能武,的确是个难得的人才,他的杰出才华,更受到党组织的重视。在军中不久,就被提升为连附(副),接着又担任了营长。同时蒋介石也很赏识他的杰出才华,企图利用浙江同乡的关系拉拢他,暗示要他脱离共产党,并对其予以重用,但他忠于党的事业,毫不为之所动。1926年12月上旬,金佛庄化装成上海的洋行买办,离开南昌,从九江搭乘英商太古轮船的官舱,顺流东下。不料上船后行踪即被泄露。船到南京下关码头,孙传芳部已在码头戒严,并上船搜查,当即将金佛庄、顾名世二人逮捕。上海的国共两党组织和同志们闻悉此事后,多方设法营救,通过各种社会关系,并托当时的浙江省省长陈仪出面,向南京方面说情疏通。蒋介石也特意发电要孙传芳善待金佛庄,并提出可以用孙传芳军被俘的高级将领交换,被孙传芳拒绝。不久,金佛庄被秘密杀害于雨花台。

(二)胸怀大志、理论报国:张霁帆

张霁帆,于1921年春考入泸州川南师范学校(现泸州师范)。同年11月,他参加了校长恽代英组织的"读书会"、"学行励进会"、"马克思主义研究会",思想觉悟日益提高,成为这些组织的骨干。

1922年5月,恽代英在川南师范学校组建社会主义青年团,张霁帆和余泽鸿等首批加入了团组织。1922年夏,恽代英被军阀撤去校长职务并被扣押,经营救出狱。1923年,恽代英应吴玉章聘请,去成都高师任教。张霁帆和余泽鸿等十余名进步学生也随师前往成都。到达成都后,进成都蚕桑专科学校学习,并投入成都的革命斗争。不久,参加社会主义青年团成都地方委员会的领导工作,被选为第三届团执委会候补委员。张霁帆和邹进贤主持进步刊物《青年之友》。还组织了"宜宾留省同乡会",创办了"宜宾留省同乡会会刊",撰写《民团与时局》《一个改造社会可能的办法》等文章,阐明拯救国家的主张。并同邹进贤成立团的外围组织"青年之友社",团结教育广大青年。还利用为《甲子日刊》当编辑的机会,宣传马克思主义。

1924年3月,张霁帆被选为成都社青团第四届执委会书记。同年8月,作为川南学生代表,出席了在上海召开的全国学联第六次代表大会并被选为新闻委员。会议期间,经恽代英介绍加入中国共产党。同年9月,奉派到团中央创办的南京钟山中学任教。不久,学校被反动当局查封解散。同年11月,社会主义青年团南京地委改组,当选为团地委秘书。根据党中央的指示,他积极领导南京国民会议运动,走上街头宣传鼓动,散发《告各界人士书》。

1925年1月9日,在南京国民会议促成会筹备会上,张霁帆被选为交际股委员。同年3月,他奉命到上海工作。不久,由党中央派往河南工作,在开封做教员兼任编辑工作。1925年冬,为中共豫陕区委举办的党员训练班讲授马列主义理论。

1926年3月,张霁帆担任了中共豫陕区执委委员。其间,帮助河南的四个青年团体消除隔阂,合并成立了"青年协社",还出版了《河南青年》。同年2月,党组织决定将工作重点转移到农村,他深入农村发动群众成立农民协会。并根据引导当地"红枪会"开展斗争的实践,撰写了《介绍河南红枪会》一文,发表在《中国青年》第126期上。长期艰苦而紧张的斗争生活,使他身患严重疾病,但他始终带病坚持工作。从1926年7月起,中共豫陕区委把向党中央请示汇报工作的任务交给他,他沉着、机智,一次又一次往返于开封与上海之间。1926年8月,在上海向党中央汇报工作后乘火车返河南,途经徐州车站时,被反动军警搜出进步书刊而遭逮捕,并被立即押解到南京小营陆军监狱关押。在狱中,遭受种种折磨,不给饭吃、不给水喝,生病不给治疗。审讯时,他痛斥敌人,遭到敌人严刑拷打,仍坚贞不屈。残暴的敌人竟用毒药将他杀害于狱中。解放后张霁帆烈士遗骸移葬于雨花台。①

第二节　土地革命:"力挽狂澜,前赴后继"

1927年,蒋介石、汪精卫相继背叛革命,大肆屠杀共产党人,党的许

多优秀干部、群众运动领袖,成千上万的共产党员、共青团员,革命的工人、农民、知识分子以及党外革命人士倒在血泊中。轰轰烈烈的大革命失败,中国共产党所领导的人民革命斗争进入最艰难的年代。一大批战斗在白色恐怖中心和在全国各地从事革命活动的共产党人,用自己的鲜血和生命,捍卫了共产主义信仰,他们是雨花台烈士中人数较多的一个群体。

一、国内局势的逆转与工农运动走向低潮

(一)革命阵营的分裂与大革命的失败

在五卅运动蓬勃发展的有利形势下,1925 年 7 月 1 日,国民政府在广州建立,汪精卫当选为主席,鲍罗廷被聘为高等顾问。国民政府成立后,将黄埔军校校军和驻广东的粤军、湘军、滇军先后改编为国民革命军6 个军,共 8.5 万人。共产党员周恩来等担负起国民革命军中的政治工作。在此前后,国共两党通力合作,经过两次东征和南征,消灭了盘踞东江一带的军阀陈炯明部和广东南路的军阀邓本殷部,并平息滇军、桂军在广州发动的叛乱,统一了广东革命根据地,为举行反对北洋军阀的战争准备了比较可靠的后方基地。伴随着革命运动的迅速发展,国民党右派掀起的反共逆流也在滋长。更为严重的是,蒋介石因在创建黄埔军校和统一广东革命根据地过程中的作用,以及谋取主管军事的权力,其影响和地位已大大增强。他开始加强对共产党的限制,反共面目越来越明显。在国民党新老右派变本加厉的反共活动面前,共产国际指示中共中央,共产党如果同国民党新右派进行斗争,必将导致国共关系破裂,因而主张妥协退让。共产国际驻中国代表也坚持这种意见。中共中央只能执行共产国际的指示,使得妥协退让的意见在党内占了上风。1926 年 1 月,国民党在广州举行第二次全国代表大会。中共中央妥协退让的结果,使国民党右派在中央执行委员会和中央监察委员会中占了优势。3 月 18 日,国民政府海军局代理局长、共产党员李之龙奉命派中山舰到黄埔后,立刻谣言四起,说此举是要劫持蒋介石。3 月 20 日,蒋介石以所谓中山舰事件为借口,在广州实行紧急戒严,监视并软禁共产党人,包围省港罢工委员会和苏联顾问办事处。中共中央和共产国际代表妥协退让的结果,使共产

党员被迫退出国民革命军第一军。这一事件后,汪精卫称病去职,蒋介石为取得最高权力又迈进了一步。在5月15日召开的国民党二届二中全会上,蒋介石提出所谓《整理党务决议案》。由于中共中央的妥协退让,决议案获得通过,担任国民党中央各部部长的共产党人都辞去职务,蒋介石却担任了国民党中央组织部长兼军人部长,随后又当上国民党中央常务委员会主席和国民革命军总司令,成为掌握最高军事权力的人物。中山舰事件发生后,蒋介石的立场进一步转到大地主大资产阶级方面。但是他的实力有限,还需要得到共产党和苏联的支持,因此没有立刻同共产党公开决裂。这时已到北伐战争的前夜。北伐的军事指挥权主要掌握在蒋介石手中这个事实,表明革命形势虽然在迅速发展,但已经埋伏着严重的危机。轰轰烈烈的北伐及国民革命,终经四一二和七一五反革命政变,宣告失败。

(二)革命运动的恢复与地下工作的开展

为了认真总结大革命失败以来的经验教训,确定革命斗争的路线和任务,1928年6月18日至7月11日,中国共产党在苏联莫斯科召开第六次全国代表大会。出席大会的代表142人,其中有表决权的84人。大会在共产国际的帮助下,在一系列有关中国革命的根本问题上作出了基本正确的回答。大会指出:中国仍然是一个半殖民地半封建的国家,现阶段的中国革命是资产阶级性质的民主主义革命。革命的形势是第一个革命浪潮已经因为历次失败过去了,而新的浪潮还没有到来,党的总路线是争取群众。目前最主要的危险倾向,是盲动主义和命令主义。尽管党的六大存在着对于中间阶级的两面性和反动势力的内部矛盾,缺乏正确的估计和政策,对于大革命失败后党所需要的策略上的有秩序的退却,以及农村根据地的重要性和民主革命的长期性缺乏必要的认识等缺点,但大会决议传达贯彻后,大体上统一了全党的思想,对革命运动的发展产生了积极的作用。

党的六大选举产生了新一届中央委员会和中央审查委员会。会后,六届一中全会选举产生了中央政治局,并选举苏兆征、向忠发、项英、周恩来、蔡和森为中央政治局常务委员会委员,李立三等三人为常委会候补委员。由于片面强调领导干部的工人成分的意义,工人出身的向忠发被选为中央政治局主席兼中央政治局常委会主席。他虽被选为中央主要负责人，但实际上并没有起到应有的作用。

党的六大后的两年间，出现革命走向复兴的局面。大革命失败后似乎已陷入绝境的中国共产党，经过艰苦的斗争，又重新壮大起来了。

党的六大以后，中共中央非常注意党的建设，党的组织有了较大发展。1929 年 6 月党的六届二中全会召开时，党员已达到 6.9 万人，1930 年 3 月，又增加到 10 万多人。1930 年底，党在全国 17 个省恢复了省委和许多特委、市委、县委的组织。

党在国民党统治区创造和积累了从事地下工作的丰富经验。中共中央在实际工作中强调必须切实地深入群众，从下层做起，力求使秘密工作同公开工作结合起来，党的干部要做到"职业化"和"社会化"，使一度遭到严重破坏的党在国民党统治区的工作得到一定程度的恢复和发展。党的六大后，工人革命力量有了一定程度的恢复。到 1929 年底，全国赤色工会会员及其影响下的工人群众，共有近 4 万人。农民抗租、抗粮、抗税的斗争，城市贫民反对苛捐杂税的斗争，以及学生运动、妇女运动、左翼文化运动、国民党军队中的士兵运动等，也都有所发展。面对严重的"白色恐怖"，中共中央加强了对中央特科工作的领导。在周恩来的主持下，中央特科在保卫党中央的安全、营救被捕同志、严惩叛徒、搜集情报、配合红军和根据地的斗争等方面，发挥了重要作用。①

更为重要的是，中共中央加强了对各地红军和农村根据地的领导。这个时期，重要的根据地有赣南闽西、湘鄂西、鄂豫皖、闽浙赣、湘鄂赣、湘赣、广西的左右江、广东的东江和琼崖等。各根据地的党组织抓住军阀混战的时机，发动农民实行土地革命，建立革命政权，开展游击战争，使红军和根据地不断巩固和扩大。其中，影响最大的是毛泽东、朱德等领导开辟的赣南闽西革命根据地。

二、雨花英烈在黯淡的革命前途中砥砺前行

今天，我们无数次地思考，合格的共产党员应该是什么样的？其实雨

---

① 参见中共中央党史研究室：《中国共产党的九十年》，中共党史出版社 2016 年版，第 126 页。

花英烈早在革命年代就给出了答案——信仰、忠诚、为民、担当。雨花英烈群体有几个鲜明的特点:他们大多家境殷实,衣食无忧;他们都很年轻,牺牲时的平均年龄不到 30 岁;他们中很多人受过高等教育,还有部分留学海外,可以说是当时社会的精英阶层。他们不是为生活所迫去参加革命,甚至完全可以过着衣食无忧的舒适生活,但是他们却选择了一条流血牺牲的革命道路。因为他们心里装着的不是一己一家之小利,而是为民奉献和矢志兴邦的担当。①

（一）时代先驱、铁肩道义

邓中夏、恽代英是中国共产党创建时期的重要领导人。他们在学生时代就开始了救国救民道路的探索,确立了共产主义的崇高信仰。加入中国共产党后,他们致力于中国革命理论和道路的探索,参与领导了许多重大革命活动,在中国工人运动和青年运动史上留下了他们光辉的名字。

（二）斗争中坚、理想胜天

大革命失败后,党在国民党统治区的组织和活动,被迫转入地下。面对白色恐怖的险恶局势,一大批真正的共产党人临危不惧,挺身而出,不怕牺牲,捍卫革命。他们中有党中央领导机构的重要骨干、各省党组织的主要负责人、各地重要革命活动的组织者和参与者,还有在革命低潮艰难时刻加入中国共产党的英勇战士。他们在革命危急关头的坚持和牺牲,显示了中国共产党人坚定的理想信念和对党对人民事业的无比忠诚。施滉、许包野、杨峻德、陈原道、吴振鹏、黄励、李得钊、杨振铎、蒋云、谭寿林、胡南生、冷少农、何宝珍、毛福轩、朱杏南、洪灵菲、陈处泰、朱务平、陈理真、赵连轩、丁香、郭纲琳、张炽、汪裕先、徐全直等人正是地下工作者的代表,他们用自己的实际行动在险恶局势中不断前行。

（三）八挫八起、擎旗不倒

1927 年到 1934 年,处于国民党统治中心的中共南京党组织遭到 8 次大破坏。敌人的一次次破坏,都没有扑灭革命的火焰。在残酷的斗争面前,一批又一批共产党员,擦干身上的血迹,高举革命的旗帜,义无反顾,前赴后继,腥风血雨中,南京党组织岿然挺立。谢文锦、张应春、刘重民、

---

① 参见王跃:《雨花英烈精神的时代价值》,《群众》2016 年第 7 期。

许金元、文化震、陈君起、侯绍裘、钟天樾、梁永、谢曦、孙津川、史砚芬、姚佐唐、贺瑞麟、李济平、黄瑞生、夏雨初、李耘生、顾衡等人,不畏敌人的多次破坏,在残酷的斗争面前,高举革命的旗帜。

(四)风华少年、青春壮歌

青年学子中的革命者,是雨花台烈士的一个重要群体。他们大多是在求学阶段接受革命真理,加入党团组织。在共产主义信仰的引领下,他们把个人的理想与国家和民族的前途命运紧紧联系在一起,以火一样的热情投身革命斗争。在严峻的生死考验面前,他们对革命事业表现出了无比的热爱和坚定的自信,不为任何威逼利诱所动,坚决战斗到底,并为之献出年轻的生命,牺牲时年龄最小的只有 16 岁。他们的壮烈牺牲,彰显了共产主义信仰无比强大的力量。齐国庆、王崇典、曹顺标、陈景星、石璞、李林泮、黄祥宾、师集贤、刘雪亮、陈朝海、陈志正、马名驹、叶刚、汤藻、沈云楼、姚爱兰、袁咨桐、石俊、胡尚志、郭凤韶、谢纬棨等人,将最宝贵的青春年华奉献给了伟大的革命事业,相继牺牲于雨花台。

(五)黄埔英华、取义舍生

雨花台有一批从黄埔军校走出来的革命烈士。胡秉铎、顾浚、高文华、文绍珍、周不论、蓝文胜等人大多在第一次国共合作时期加入中国共产党,是北伐战争时期的军中骨干。四一二反革命政变后,在革命与反革命的重大抉择面前,他们坚守共产党人的政治立场,毅然与国民党反动派决裂,旗帜鲜明地投身捍卫革命的斗争。他们在生命的最后关头,抱定心中的主义,高呼共产党万岁走向刑场,展示了他们信仰的坚贞与对党的忠诚。

胡秉铎,1924 年 8 月经邓中夏推荐考入黄埔军校第二期,同年年底加入中国共产党。1925 年 2 月 1 日,周恩来领导组织的黄埔军校中国青年军人联合会成立,胡秉铎、徐向前和周逸群等被选为负责人。1927 年四一二反革命政变后召集秘密会议时在南京被捕,不久牺牲。

顾浚,1921 年留学德国,1924 年春回国考入黄埔军校第一期,在校期间加入中国共产党,1927 年 7 月,随着革命形势的急剧变化,中国共产党加紧了夺取南昌的筹备工作。顾浚正是南昌起义的积极筹备者。在筹备工作中,他多次受党的派遣奔赴全国各地为党做传递情报、筹资购枪弹等工作。为南昌起义东奔西走,行踪不慎被人发觉并告密。南昌起义失败后,受党派遣潜伏南京的顾浚不久即被捕入狱,他虽身陷囹圄,仍泰然自若,精神昂扬,对前来探望的同乡说:"我既是为革命牺牲毫不足惜,希望家乡在外的青年不因囚我而受到不好的影响,你们应当看到中国的未来,选择好自己所走的路……"同年8月,顾浚牺牲于南京鸡鸣寺。

(六)亲密朋友、肝胆相照

在共产党的伟大征途上,非常注意团结党外的进步力量。邓演达等人就是中国共产党的亲密战友。特别是邓演达,他是中国民主革命时期杰出的革命家、政治家,早年加入中国同盟会。第一次国共合作期间,拥护孙中山先生三大政策,参与领导北伐战争,积极扶持农民运动,是著名的国民党左派领导人。大革命失败后,积极开展反蒋活动,成为中国农工民主党的重要创始人。邓演达一生坚持救国救民的主张,并最终为之献出生命。毛泽东同志称赞他:"以身殉志,不亦伟乎?"①

(七)长夜群星、璀璨天地

在中国革命处于低潮的日子里,成千上万革命先烈献出了自己宝贵的生命。他们中许多人没有给后人留下详尽的生平事迹,有的只留下一个名字,还有更多的烈士甚至没有留下姓名。但在中国革命的漫漫长夜中,他们每一个人都是一颗闪亮的星辰,他们伟大生命散发的信仰之光、理想之光,照亮了中国革命继续前行的道路,鼓舞和激励中国共产党人和亿万中国人民为实现伟大理想而战斗不息。他们放弃个人为国为民斗争的英勇事迹和崇高精神,闪耀着伟大民族精神的光芒②。

刘炳福、谭籍安、朱如红、杨锡海、宋如海、陈继昌、李传夔、蒋宗鋆、冯柏六、冯菊芬、谭梓生、谭冰瓯、谭铁肩、何寒莺、吕国英、郑家祥、陈兆春、许立双、苏订娥、邓定海、马克昌、刘希雨、陈仲模、倪朝龙、杨桐恒、方德芝、宋月波、张阿春、吕小和尚、梁传贵、郁志翘、康友川、潘运生、萧万才、王鳌溪、姜辉麟、李昌祉、谢小康、张化侬、张文卿、徐述尧、郑天九、蔡寿民、李文卿、杜焕卿、刘超人、胡廷俊、季月娥、周国荣、陈仲亭,这些名字将

---

① 参见雨花台烈士纪念馆解说词。
② 参见李玲:《新时代雨花英烈精神的守护和弘扬》,《中国文化报》2019年6月15日。

永远记录在革命的丰碑之上。

第三节　抗日战争:"奋起抗战,中流砥柱"

1931 年,日本帝国主义发动九一八事变,标志着中国人民抗日战争的开始。在民族危难之际,中国共产党高举抗日的旗帜,在东北三省,领导抗日武装、依靠群众,直接同日本侵略者进行了极其艰苦的斗争,并揭开了世界反法西斯战争的序幕。全面抗战爆发后,中国共产党秉持民族大义,担负起民族救亡的历史重任,倡导建立了以第二次国共合作为基础的抗日民族统一战线。中国共产党是中国抗日战争的中流砥柱,在 14 年抗战的烽火岁月里,共产党人和党领导的人民武装独立自主,英勇作战,为夺取抗日战争胜利作出了重要贡献。一批新四军将士和抗日志士牺牲在南京及其周边地区。

一、雨花英烈投身抗战

(一)抗日民族统一战线的形成

1931 年,九一八事变日本侵占中国东北后,中国共产党为建立以国共合作为基础的抗日民族统一战线进行了长期不懈的努力。1933 年 1 月,中国共产党发表宣言,首次提出红军准备在三个条件下与任何武装部队订立共同对日作战的协定。这三个条件是:立即停止进攻苏区;立即保证民众的民主权利;立即武装民众创立武装的义勇军。1935 年 8 月 1 日,中国共产党又发表了《为抗日救国告全体同胞书》(即《八一宣言》),再次明确表示只要国民党军队停止进攻苏区,实行对日作战,红军愿立刻与之携手,共同救国。宣言建议同一切愿意参加抗日救国事业的党派、团体、名流学者、政治家和地方军政机关进行谈判,共同筹组国防政府和抗日联军,并呼吁各党派和军队首先停止内战,以便集中一切国力为抗日救国的神圣事业而奋斗。1935 年 12 月,中共中央在瓦窑堡召开政治局扩大会议。会议从理论和政策上正式确立了中国共产党关于建立抗日民族统一战线策略的总路线,提出"党的任务就是把红军的活动和全国的工人、农民、学生、小资产阶级、民族资产阶级的一切活动汇合起来,成为一个统一的民族革命战线"。

1937年7月7日,日本侵略军向北平西南的卢沟桥发动进攻,制造了震惊中外的七七事变。七七事变的第二天,中共中央发布通电号召全中国军民团结起来,抵抗日本的侵略。7月15日,中共中央将《为公布国共合作宣言》送交蒋介石。宣言提出发动全民族抗战、实行民主政治和改善人民生活等三项基本要求,重申中共为实现国共合作的四项保证。17日,中共代表周恩来等在庐山与蒋介石继续谈判。同一天,蒋介石发表了准备抗战的谈话。1937年8月13日,日军大举进攻上海(八一三事变),扬言3个月灭亡中国。由于国民党统治的中心地位直接受到威胁,8月14日国民政府发表《自卫抗战声明书》。8月中旬,中共代表周恩来、朱德、叶剑英同蒋介石等就发表中共宣言和改编红军问题,在南京举行第五次谈判,蒋介石被迫同意将在陕北的中央红军改编为国民革命军第八路军(简称"八路军")。

1937年8月,中共中央在陕北洛川召开政治局扩大会议,通过了《抗日救国十大纲领》,提出了争取抗战胜利的全面抗战路线。8月25日,中共中央军委发布命令,中央红军改编为八路军,任命朱德、彭德怀为正、副总指挥,开赴华北抗日前线。10月间,又将在南方十三个地区的红军游击队改编为国民革命军新编第四军(简称"新四军"),任命叶挺为军长,项英为副军长,张云逸为参谋长,开赴华中抗日前线。在共产党的催促下,9月22日,国民党中央通讯社发表了《中共中央为公布国共合作宣言》。23日,蒋介石发表谈话,实际上承认了共产党的合法地位。至此,抗日民族统一战线正式形成,第二次国共合作开始。

(二)全面抗战路线的制定

1937年开始的全国抗日战争,既是关系中华民族生死存亡的关键阶段,也是中国共产党发展壮大的重要时期。20世纪30年代,第一次世界大战后走上法西斯主义道路的德、意、日三国企图重新瓜分世界,先后结为反共同盟,成为欧洲和亚洲的战争策源地。经过长期的准备,日本帝国主义于1937年7月公然发动大规模的全面侵华战争。

毛泽东同志在抗战之初就指出,"日本敢于欺负我们,主要的原因在于中国民众的无组织状态。"因此,中国共产党将动员民众、组织民众、依靠民众视为争取抗战胜利最基本的条件,始终坚信"战争的伟力之最深厚的根源,存在于民众之中"。

1937年8月下旬,中共中央在陕北洛川召开政治局扩大会议,这是在全面抗战刚刚爆发的历史转折关头召开的一次重要会议。中共中央洛川会议正式确定了全面抗战路线,指出:"今天争取抗战胜利的中心关键,在使已发动的抗战发展为全面的全民族的抗战。"这条路线的实质,就是使中国人民觉醒起来、团结起来,实行人民战争的路线。会议通过的《抗日救国十大纲领》提出,要打倒日本帝国主义,必须实行全国军事的总动员、全国人民的总动员,改革政治机构,废除国民党的一党专政,给人民以充分的抗日民主权利,适当改善工农大众的生活,实行抗日的外交政策、财政经济政策、教育政策和民族团结政策,使抗日战争成为真正的人民战争。这是党的全面抗战路线的具体体现。纲领所阐明的党在抗战时期的基本政治主张,指明了坚持长期抗战,争取最后胜利的具体道路。

但是,代表大地主大资产阶级利益的国民党不愿放弃一党专政,害怕群众抗日救亡运动的蓬勃发展危及自己的统治地位,因此拒绝实行共产党的全面抗战路线,而采取单纯由政府和军队抗战的片面抗战路线,甚至企图通过对日作战削弱以致消灭共产党领导的人民力量。

尽管如此,中国共产党提出的全面抗战路线却在全国产生了重大影响,成为全国人民坚持抗战、争取胜利的旗帜。在全面抗战路线的指引下,全国工人、农民、知识分子和其他爱国人士以更高昂的爱国热情投入抗日洪流。抗日战争成为中国近代历史上空前规模的全民族的反侵略战争。中国共产党坚持以民族大义为重,制定反对日本帝国主义的正确战略、策略,实施动员人民、依靠人民的正确路线、政策,因而牢牢地掌握了历史主动权,成为团结全民族抗战的中坚力量。

中国共产党倡导并践行广泛发动群众、实行人民战争的全面抗战路线,最大限度地动员全国军民团结一致、共御外侮,从而汇聚起民族解放的洪流。在中华民族反抗外来侵略的历史上,从来没有像抗日战争这样,民族觉醒如此深刻,动员程度如此广泛,战斗意志如此顽强。在中国共产党的领导下,军队与群众相结合,武装斗争与非武装斗争相结合,前方斗争与后方斗争相结合,公开斗争与隐蔽斗争相结合,创造了人类战争史上的奇观。①

二、抗日志士谱写救亡凯歌

(一)率先御辱、救亡勇士

1931年,日本军国主义悍然发动九一八事变。在民族危难之际,中国共产党秉持民族大义,肩负起民族救亡的历史重任。九一八事变后,中国共产党派中共中央政治局候补委员罗登贤担任中共满洲省委书记,组织抗日武装斗争、坚决抗击日本帝国主义。在极为困难的条件下,在罗登贤的领导下,中共满洲省委先后派出百余名党、团员赴东北各地创建抗日游击队,联合一切抗日爱国力量,并抽调骨干到义勇军部队建立党的组织。这一时期创建的抗日武装,成为后来东北抗日联军的基础部队。周执中、闵乐山、罗登贤等共产党人,奔赴热河参加抗战,他们留下的抗战家书,慷慨悲壮,震撼人心。②

(二)全面抗战、华中干城

抗战全面爆发后,在中国共产党的积极倡导和组织下,国共两党实现合作抗日。随着新四军军部建立,各部队迅速完成集中整训,进入长江南北敌后地区,开展游击战争,建立抗日根据地。在抗日战争的艰苦岁月里,面对险恶的形势和残酷的战争,中国共产党始终以自己的政治主张、坚定意志和模范行动,支撑起全民族救亡图存的希望。焦恭士、强博、顾景华、陶家齐、邹毅、任重、杨希、汤万益等人面对敌寇,不畏强暴,视死如归,成为坚持抗战并最终战胜日本侵略者的中坚力量。

第四节　解放战争:"迎接黎明,血沃新天"

抗日战争胜利后,中国面临向何处去的历史性抉择,广大共产党员和革命志士,胸怀建立新中国的崇高理想和将革命进行到底的坚定信念,浴

---

① 参见刘景泉、张健:《没有群众,共产党就没有力量——党坚持全面抗战路线留下的宝贵经验》,《人民日报》2015年8月21日。

② 参见雨花台烈士纪念馆解说词。

血奋战在与国民党反动军队正面交锋的战场上,坚持斗争在充满艰险的秘密战线,积极投身于伟大正义的学生运动,许多人倒在革命胜利的黎明之前。

一、雨花英烈在内战中坚守

(一)重庆谈判与争取和平民主的努力

中华民族经过浴血奋战赢得抗日战争胜利后,又面临着建什么国的斗争。中国共产党代表全国广大人民的根本利益,力图通过和平的途径来建设一个独立、民主、富强的新民主主义中国。代表大地主大资产阶级利益的国民党统治集团,企图抢夺抗战胜利果实,用内战的方式来剥夺人民已经取得的民主权利,使中国社会退回到抗战前一党专制独裁的反动统治。一场关系中国走向光明还是黑暗的大决战不可避免。

蒋介石打内战的方针早已确定,但在当时的国内外形势下,又不能不有所顾忌。所以,他在积极准备内战的同时,表示愿意同共产党进行和平谈判。1945年8月中下旬,他连续三次电邀毛泽东去重庆,共同商讨"国际国内各种重要问题"。中共中央经过反复研究,决定提出和平、民主、团结三大政治口号,毛泽东接受邀请赴重庆谈判,同时人民军队做好进行自卫战争的各种准备。

经过四十三天复杂而艰苦的谈判,国共双方于10月10日正式签署会谈纪要,即双十协定。国民党当局表示承认"和平建国的基本方针";同意"长期合作,坚决避免内战,建设独立、自由和富强的新中国",召开政治协商会议等。但双方在人民军队和解放区政权两个根本问题上未能达成协议。双十协定是以国共两党协商的方式产生的一个正式文件。这个文件的签订是人民力量的胜利。国民党再要发动内战,就是在全国和全世界面前输了理。1946年1月,政治协商会议在重庆召开,通过政府组织案、国民大会案、和平建国纲领、军事问题案、宪法草案五项协议。

国民党政权所代表的是大地主大资产阶级的利益,国民党顽固分子说政协协议是国民党的失败,蒋介石也对政协协议表示不满。国民党彻底破坏和撕毁政协协议只是时间的早晚问题。国民党在美国的大力支持下,加紧部署全面内战。国民党在完成内战准备后,悍然向解放区发动全面进攻,扬言要在三五个月内消灭共产党领导的人民军队。面对国民党军队气势汹汹的全面进攻,党领导解放区军民沉着应战。

（二）伟大的战略决战和国民党反动统治的覆灭

1948年上半年,人民解放军在各个战场上向国民党军继续展开进攻,歼灭大量敌人,打破了敌人的分区防御。同年秋,敌我力量对比已发生根本变化,人民解放战争进入夺取全国胜利的战略决战阶段。以毛泽东为核心的党中央科学地分析战争形势,以宏大的革命气魄和高超的指挥艺术,正确把握战略决战的时机,选定决战方向,并针对不同战场的特点制定作战方针,连续组织了辽沈、淮海、平津三大战役。

战略决战的序幕首先在山东拉开。1948年9月16日,粟裕等指挥华东野战军32万人发动济南战役。经过八昼夜的激烈作战,攻克济南,歼国民党军10万余人,其中起义2万余人。济南的解放,有力地证明解放军的城市攻坚作战能力已大大提高,蒋介石以大城市为重点的防御体系开始崩溃。辽沈战役刚结束,党中央即电令刘伯承、陈毅、邓小平、粟裕、谭震林组成以邓小平为书记的总前委,统一指挥华东野战军和中原野战军及部分地方武装约60余万人,以徐州为中心,在东起海州、西至商丘、北起临城(今薛城)、南达淮河的广阔地区,发起规模巨大的淮海战役。淮海战役胜利进行之际,人民解放军于1948年11月29日在西起张家口,东至塘沽、唐山,包括北平、天津在内的地区,发起平津战役。东北野战军根据中央军委和毛泽东的指示,提前结束休整挥师入关,和华北人民解放军主力连同地方部队共约100万人,合力围歼国民党华北"剿总"总司令傅作义指挥的50多万国民党军队。中共中央决定林彪、罗荣桓、聂荣臻组成平津前线总前委,由林彪任书记,统一领导平、津、张、唐地区的作战和接管等工作。

三大战役后,国民党政权在长江以北的力量全线崩溃。蒋介石为挽回败局,要求美国增加援助或美、苏出面"调解",在各方面的压力下,被迫于1949年元旦发表"求和"声明,1月21日宣告"下野",退居幕后。国民党代总统李宗仁口头上表示愿意以中共所提的条件为基础进行和平谈判,实际上却是想争取喘息时间,部署长江防线,阻止人民解放军南下,实行"划江而治"。1948年12月30日,毛泽东在新年献词中发出"将革命进行到底"的伟大号召。但为了早日结束战争,减少人民的痛苦,党仍愿意同南京政府或地方政府、军事集团进行和平谈判。毛泽东提出惩办战争罪犯、废除伪宪法和伪法统、改编一切反动军队等八项条件作为谈判基础。1949 年 4 月 13 日,国共代表开始在北平举行正式谈判。4 月 15 日,周恩来将《国内和平协定(最后修正案)》送交以张治中为首的南京国民政府代表团,并限南京国民政府在 20 日前表明态度。南京国民政府代表团一致同意接受这个和平协定,并派代表将协定送回南京。4 月 20 日,南京国民政府拒绝在和平协定上签字,和谈破裂。

4 月 21 日,毛泽东、朱德发布向全国进军命令,人民解放军迅即向尚未解放的广大地区发动规模空前的全面大进军。解放军各路大军以秋风扫落叶之势,继续向中南、东南、西北、西南各省胜利进军,分别以战斗方式或和平方式,干净、利落地解决残余敌人。解放南京的次日,攻克太原。5 月,先后解放杭州、南昌、武汉、西安和中国最大的城市上海。7 月上旬解放浙江全省(除舟山群岛外)。8 月,攻克福州、兰州,湖南省和平解放。9 月,在攻克西宁、银川之际,新疆和平解放。九、十月间,解放军在衡(阳)宝(庆)战役中重创国民党军白崇禧部主力,然后向广东、广西进军。至此,中国大陆大部分国土获得解放。气势磅礴的人民解放战争,摧毁了国民党的反动政权,基本上完成中国民主革命反帝反封建最主要的历史任务。为赢得这场战争,人民解放军指战员牺牲 26 万人,负伤 104 万人。广大解放军指战员和人民群众创造了无数可歌可泣的光辉业绩,涌现出一大批英雄人物。中国共产党领导的人民解放战争,是中国战争史和世界战争史上少有的威武雄壮的"活剧"。

二、雨花英烈血洒革命胜利的黎明之前

(一)军旅英杰、现身决战

解放战争期间,中国共产党领导的人民军队不断在战场上取得重大胜利,辽沈、淮海、平津三大战役,基本摧毁了国民党赖以维持其反动统治的主要军事力量。在夺取战争胜利的斗争中,有一批军中的共产党人不幸被捕牺牲。吕惠生、高波、秦明、朱克靖、刘亚生、晋夫、黄樵松、孙子坤,他们大多数是在军事行动,特别是在一些重大作战行动中开展瓦解敌军

工作时遭遇不测的。面对敌人的刑讯和死亡的威胁,他们对革命胜利充满必胜信心,气节坚贞,威武不屈,慷慨赴死,大义凛然,显示了党领导的人民军队的政治品质和钢铁意志。

(二)潜伏英雄、奇功殊勋

牺牲在新中国成立前夕的雨花台烈士中,有许多是战斗在敌人心脏的地下工作者。丁行、谢士炎、赵良璋、朱建国、孔繁蕤、徐楚光、周镐、祝元福、王清翰、谢庆云、卢志英、杨斌、任天石、黄叔雷、孟琇焘等人都是隐蔽战线上的共产党人,有的潜身敌营十多年,有的战斗在解放战争秘密战线的最前沿,他们以自己的大智大勇,为中国革命的胜利建立了特殊功勋。在与国民党反动派进行的最后决战中,面对敌人的疯狂反扑和大肆破坏,他们凭借高度的信仰和忠诚,栖身虎穴,临危不惧,舍生忘死,不辱使命。落入敌手后,他们正义在胸,不怕牺牲,恪守誓言,绝不叛党,展示了共产党人的高尚品格和崇高气节。

(三)最后斗争、破晓曙光

1949年4月1日,国民党当局为了挽救覆灭的命运,派南京国民政府代表团飞赴北平与中共代表团进行和平谈判。为争生存、争自由、争和平,当日南京10多所大专院校6000多名学生及部分教师举行大规模的游行示威,要求南京国民政府接受中共提出的八项条件。游行遭到国民党军警宪特的残酷镇压,200多名学生被打伤,中央大学学生成贻宾、程履绎身受重伤,救治无效,壮烈牺牲。1949年4月23日,南京解放,他们成为牺牲时间离中国革命胜利最近的雨花台烈士。

雨花有幸埋忠骨,铭记历史祭英魂。[①] 雨花英烈用鲜血和生命推进了中国革命的胜利进程,奠基了人民共和国的宏伟大厦。他们的英勇事迹和崇高精神,承载着近代以来中华民族的追求和夙愿,书写着中国革命的苦难和辉煌,昭示着中国共产党的初心和理想,彪炳千秋,永载史册。雨花英烈精神是雨花英烈在新民主主义时期进行伟大斗争、推进伟大事业的一个历史写照。[②] 今天,我们比历史上任何时期都更接近、更有信心

---

① 参见汪青松:《雨花英烈精神是实现中国梦的强大力量之源》,《青年学报》2017年第2期。
② 参见吴光祥:《新时代如何更好传承和弘扬雨花英烈精神》,《唯实》2018年第6期。

和能力实现中华民族伟大复兴的目标。一切向前走,不能忘记走过的路;走得再远、走到再光辉的未来,也不能忘记走过的过去,不能忘记为什么出发。为中国人民谋幸福,为中华民族谋复兴。不忘初心,牢记使命。雨花英烈的崇高理想信念,高尚道德情操,为民牺牲的大无畏精神,永远激励我们继续朝着实现中华民族伟大复兴中国梦的宏伟目标奋勇前进!①

①　参见雨花台烈士纪念馆解说词。

第 三 章

雨花英烈的多维人生

　　2014 年 12 月,习近平总书记在视察江苏时指出:"在雨花台留下姓名的烈士就有 1519 名,他们的事迹展示了中国共产党人的崇高理想信念、高尚道德情操、为民牺牲的大无畏精神。"当时的革命烈士不计其数,被杀害后都被掩埋在雨花台,迄今为止可以查寻到的雨花英烈仅有 1519 位。但是,从 1927 年至 1949 年,牺牲在雨花台的革命烈士是一个庞大的集体,包含着不同的年龄阶段、不同的性别、不同的阶级、不同的教育层次、来自不同的地区。时间的车轮滚滚向前,我们现在已无法记录每一个人的年龄、每一个人的面容、每一个人的事迹,我们也难以将在雨花台牺牲的英烈们的姓名一一默念、难以将他们的面容一一重现,但当我们从年龄、性别、阶级、教育程度、地域等不同视角去阅读雨花英烈的多维人生时,会发现他们共有的精神力量永远镌刻在了人们的记忆中。他们曾经是那样生动鲜活、青春如画、爱情绚丽、忘我奋斗、不屈不挠。然而,他们生命的钟摆都猝然停止在了雨花台,于是他们坚毅无悔的容颜便凝结成了穿越时光洪流的永久精神坐标。

第一节　年龄视角:革命不分先后

　　一个时代的精神,是青年代表的精神。一个时代的性格,是青春代表的性格。习近平总书记指出:"时间之河川流不息,每一代青年都有自己的际遇和机缘,都要在自己所处的时代条件下谋划人生、创造历史。青年是标志时代的最灵敏的晴雨表,时代的责任赋予青年,时代的光荣属于青年。"①在雨花英烈的革命战士中青年占了很大一部分,他们在那个生逢国难当头的岁月走在了革命的前列,他们没有选择逃避,没有选择个人安逸,而是义无反顾地投身革命,牺牲了自己的一切。直到今天,我们仍能强烈地感受到他们身上那种抱负天下的青春意气,那种扶危救国、无所畏惧的英雄气概。从 1927 年到 1949 年,中国共产党的许多优秀干部、群众运动领袖、革命工人、农民、知识分子以及各界爱国人士相继被押解至南京雨花台惨遭杀害,他们平均年龄不足 30 岁,留下姓名的仅有1519 名,他们怀揣着人民幸福、民族独立、国家富强的革命理想信念,扭成一股推动革命向前发展的巨大力量,在那个时代书写了属于青年人的骄傲。

据统计,在南京雨花台烈士纪念馆展陈的共有 179 位雨花英烈,他们牺牲时大多很年轻,尤以 20 岁至 29 岁之间的青年居多,其中年龄最小的只有 16 岁,年龄最大的 58 岁。16 岁,正是刚刚开始感受生命美好的阶段;而 58 岁,似乎是一个不再年轻的生命阶段,但不管处于什么年龄阶段的雨花英烈,他们身上都具备着同一种革命理想和共产主义信仰。

表 3-1　南京雨花台上版展陈的 179 位雨花英烈牺牲年龄

19 岁及以下	20—29 岁	30—39 岁	40—49 岁	50 岁及以上	不详
12	96	50	10	5	6

一、革命少年

袁咨桐,1914 年出生在贵州赤水一个贵族家庭,后就读于晓庄师范。1928 年夏,在中共南京市委的领导和帮助下,晓庄师范党团组织成立。1929 年,袁咨桐秘密加入共青团,坚决走上了革命道路。他虽然人小但是胆子大,每次斗争他都冲在前面,在短暂的革命生涯中先后两次被捕入

---

① 中共中央文献研究室编:《十八大以来重要文献选编》(中),中央文献出版社 2016 年版,第2 页。

狱。国民党对他进行劝降失败后决定杀害袁咨桐,根据当时国民政府的法律,未满 18 岁者不能判处死刑,敌人竟把袁咨桐的年龄由 16 岁改为 18 岁。临刑前夜,袁咨桐在自己的照片上写下了"长别人世"四个字交给难友,与大家作最后的告别。1930 年 9 月 17 日,袁咨桐牺牲在南京雨花台。袁咨桐是目前已知牺牲时年龄最小的雨花台烈士。革命,让他的生命定格在 16 岁这个短暂的刻度上。他和那些青春年少、风华正茂的年轻革命者心中最理想的人生一样,想要安静地坐在教室里,在接受知识中成人成才,为今后的幸福人生做好铺垫。但他在未成年时期就已经形成了成熟的价值观,树立了远大理想。为了改造社会、造福民众,袁咨桐选择充满艰险的革命道路,并义无反顾,坚持到底,以一腔热血谱写了青春之歌,彰显了最年轻的力量。

无独有偶。1929 年夏,东北青年石璞来到南京金陵大学求学,他目睹了国民党政府的反动腐朽和人民群众的悲惨生活,认识到了国民党贪污腐败、屠杀人民的本质。不久,他就选择了加入中国共产党,投身到伟大壮丽的共产主义事业中。1930 年 8 月,由于叛徒出卖,石璞在南京被捕入狱,在狱中备受酷刑拷打,敌人面对这位只有 17 岁的共产党员无计可施。最后,国民党政府当局将石璞年龄改为 19 岁并判处死刑,当年石璞不足 18 岁。当石璞被押解雨花台时,他一路高呼:"打倒国民党卖国政府!""中华民族解放事业万岁!""中国共产党万岁!",后从容就义。他以年轻的生命展现了 17 岁少年直面生死的勇气,在中国革命史上谱写了光辉灿烂的一页。

世界上最难的事情,就是怎样做人、怎样做一个好人。要做一个好人,就要有品德、有知识、有责任,要坚持品德为先。习近平总书记指出:未成年人都是小树苗,品德的养成需要丰富的营养、肥沃的土壤,这样才能茁壮成长,因为他们的价值取向决定了未来整个社会的价值取向,而青少年又处在价值观形成和确立的时期,抓好这一时期的价值观养成十分重要。就年龄特点而言,未成年人会经历启蒙、逆反和成长期,这一阶段感知、观察事物的目的性加强,但缺乏抽象性和概括性,当他们受到挫折时会感到沮丧痛苦,他们渴望独立完成某项任务。生活在新时代的未成年人会受到来自父母、学校的精心呵护,会在 18 岁那年举行庄重的成人礼。而革命年代的少年,没有成人礼、没有父母老师的嘘寒问暖,他们要面对的是狂风暴雨的革命,要承担的是民族独立的责任,心怀的是对美好生活的希望,雨花英烈中的未成年群体正是在这个时期树立了为民族解放、人民幸福而奋斗的目标和价值取向,这对他们的一生都产生了重要影响。因此,他们没有迷茫没有彷徨,他们心中只有对革命胜利的理想和对共产主义信仰。

二、蓬勃青壮

青年是社会上最富活力、最具创造性的群体,决定着未来社会的发展方向,在社会前进的道路上始终发挥着重要作用。马克思恩格斯清楚地看到了青年在阶级斗争中的重要性,看到教育好青年对夺取革命的胜利至关重要。恩格斯曾提到:"实现这一变革的将是德国的青年。但是这种青年不应该在资产阶级中去寻找。德国的革命行动将从我们的工人当中开始。"①列宁在建立第一个社会主义国家的实践历程中始终关注青年,列宁认为未来是属于青年的,并明确指出青年对党和国家发展的特殊意义,"真正建立共产主义社会的任务正是要由青年来担负"②。毛泽东作为党的第一代中央领导集体的核心,在新中国的革命与建设进程中,以辩证唯物主义与历史唯物主义为指导,分析中国的具体实际情况和青年的特点,视青年为中国希望,指出教育培养青年的最重大意义就是为社会主义事业培养可靠的接班人。雨花英烈中的青年群体就是在最美的年纪接受了革命理想的熏陶成为革命事业的坚定接班人,他们用多样的方式使革命理想蓬勃发展。

抱定宗旨,舍生取义。顾衡,1909 年出生,江苏无锡人。1930 年加入中国共产党。1934 年 8 月,因中共南京党组织遭破坏,他在中央大学附近的秘密住所被捕,12 月牺牲。顾衡是中共南京党组织第八次遭破坏时牺牲的主要负责人,"不要上当,我是不会投降的! 你们也无须为我奔走权门、托人营救了。我已抱定宗旨,舍生取义!"这是顾衡在狱中对父亲

---

① 《马克思恩格斯全集》第 2 卷,人民出版社 1957 年版,第 629 页。
② 《列宁选集》第 4 卷,人民出版社 2012 年版,第 281 页。

说的话。面对国民党反动派的屠刀,他挺身而出,接力革命,被捕后大义凛然,从容就义,年仅 25 岁。

"医生司令"救国救民。任天石,1913 年出生于常熟梅李附近的一个名叫塘桥的小镇上。任家世代以中医为业,颇负悬壶济世之名。对只有三四十户人家的塘桥小镇而言,任家可以说是个大户人家了,但任天石在中学时期就因为接受了革命思想闹学潮被学校开除学籍。回家后他每日里随父亲行医,见到的都是贫病交加的劳苦大众,更坚定了这个青年人追求真理、改造社会的信念和决心。1936 年西安事变的爆发,让任天石深切地感受到改造旧的政治制度的必要性,并从中国共产党领导的抗日救亡运动中看到了新的希望。一个重大的决定在任天石脑海中酝酿成熟——弃医从戎。在辞别自己家人的时候,任天石对弟弟任天怀说了这样一段话:"做个医生,只能救命,若要救民,必先救国。"一直怀有追寻救国救民、改造社会理想的他毅然决然地选择了投身时代洪流,在家乡塘桥组织了一支抗日保家乡的游击队。因为既有对中医理论的透彻理解和临床经验,也懂西医生理解剖原理,所以他将学习到的医学理论融会贯通,为部队伤员和十里八乡的群众解除疾苦。1947 年 1 月,因叛徒出卖,任天石在上海被国民党当局逮捕。在狱中正气凛然,坚贞不屈,1948 年牺牲于南京,年仅 35 岁。

文人革命有傲骨。师集贤,1899 年出生于陕西省合阳县一户农民家庭。1921 年,22 岁的他从古都西安来到上海求学,成为国共两党创办的上海大学最早的一批学生。他所在的美术科有丰子恺等教授使他学业精进,他还参加学校的探美画会,求索艺术之美。1924 年毕业后,师集贤回到家乡执教。作为教师,他积极传播革命思想,以新思想、新文化统领美术教学,受到学生爱戴。1930 年,师集贤秘密加入中国共产党,彼时,他在国民政府审计院任办事员,此后他就以职业为掩护积极为党工作。1930 年夏天,师集贤为了掩护同志在南京被捕,虽受到严刑拷打但他始终严守党的秘密,他就像自己所画的梅花一般,以铮铮傲骨对抗凛冽的寒风。1930 年 9 月 4 日,师集贤牺牲于雨花台,年仅 31 岁。

这些是雨花英烈中的青壮年代表,他们来自不同的地区,有不同的职业,有不同的爱好和特长,也有不同的人生追求,但是在敌人面前,他们有相同的革命理想和革命勇气,并为了革命理想的实现燃尽生命,以自己能贡献的不同形式将革命理想的蓬勃发展定格在青春时代。

2013年5月4日,习近平总书记同各界优秀青年代表座谈时曾深刻地指出:"青年兴则国家兴,青年强则国家强。我们党自成立之日起,就始终代表广大青年、赢得广大青年、依靠广大青年。"①青年人始终是中国共产党人领导人民进行革命的主力军和先锋队,为革命事业立下了不朽的功勋。人的一生只有一次青春,现在,青春是用来奋斗的;将来,青春是用来回忆的。青年面临的选择很多,关键是要以正确的世界观、人生观、价值观来指导自己的选择。无数人成功的事实表明,青年时代选择吃苦也就选择了收获,选择奉献也就选择了高尚,只有进行了激情奋斗的青春,只有进行了顽强拼搏的青春,只有为人民作出了奉献的青春,才会留下充实、温暖、持久、无悔的青春回忆。

雨花英烈群体主要是由年轻人所构成,身处青壮年的群体大致包含了从19岁到50岁的年龄阶段,他们构成了革命主体,并凭借着崇高的理想信念、高尚的道德情操和为人民服务的大无畏精神,为革命事业贡献了自己的力量,坚守了自己为国为民的初心和使命。他们的青春是激情奋斗的青春、顽强拼搏的青春、为人民作出了巨大奉献的青春,进而是充实和无悔的青春。他们当年的选择在当时也许不为许多普通百姓所理解,但他们因为有科学的世界观和合理的价值观指导,是一批理论的先觉者,因而能够真正理解人生的价值和意义。他们分布在各行各业,用不同的形式为革命理想的实现、为心中的理想信念贡献自己的青春力量,实现了人生价值,他们真正将革命理想扎根心中,促使革命事业蓬勃发展。

三、深沉长者

雨花英烈精神是革命先烈用鲜血染红的光辉旗帜,没有远大理想就不是合格的共产党员,离开现实工作而空谈远大理想,也不是合格的共产党员。"知责任者,大丈夫之始也;行责任者,大丈夫之终也。"俗话说,软

---

① 习近平:《在同各界优秀青年代表座谈时的讲话》,《人民日报》2013年5月5日。

肩膀挑不起硬担子。无论是干事创业还是攻坚克难,不仅需要宽肩膀,也需要铁肩膀,牺牲在雨花台的革命者从始至终都将人民的幸福、国家的前途和命运放在心头并用一生为之不懈奋斗,将人民对美好生活的向往作为奋斗目标。历史只会眷顾坚定者、奋进者、搏击者而不会等待懈怠者、犹豫者、畏难者,"有梦想,有机会,有奋斗,一切美好的东西都能够创造出来"①。雨花英烈无一例外都在践行着为共产主义事业奋斗终身的理想信念,虽然有些革命者年龄较大,但面对民族大义却挺身而出,他们知道自己时日不多,却不贪图安逸享乐。他们以良好的精神状态,以共产主义理想信念激励自己时刻保持向上的精神风貌,他们始终把争取民族独立、人民解放作为奋斗目标,把一生献给革命事业,他们虽然没有机会过上幸福的生活,但却成为精神最富有的人。

萧万才,1880年生,阜宁人,出身穷苦人家,很早就随着难民大潮从苏北来到上海谋生。1932年,他加入了中国共产党,并先后担任上海南洋肥皂厂党支部书记、闸北区民众反日救国会分会发行部部长,还担任中共闸北区委的秘密交通联络工作。他经常以拉人力车为掩护,在闸北区大洋桥一带将党组织交给他的文件、宣传品按照规定分送给不同的单位和不同的人。在萧万才的带动下,他的家人都投身党的秘密工作,他的家也因此成为中共江苏省委的秘密联络点。1932年10月1日,是萧万才临刑的日子,他迈着从容镇定的步子率领12位难友慷慨赴难,在这13名临刑的"犯人"中最年长的就是萧万才,他此时已经52岁,在他被晒得黝黑并布满皱纹的脸上,流露着的是共产党人威武不屈的神态。为了革命事业,这位老同志一生严守党的机密、一人担当全责,直至献出自己的生命。

陈祝三,1891年生,海门县海一区(现海门市三星镇瑞北村)人,原为南京中央政治大学汽车驾驶员。1949年春,南京市6000余名大专院校爱国师生为了揭露国民党反动派"假和平,真备战"的阴谋,在中共南京地下组织领导下于4月1日举行游行示威,然而他们的正义行动却遭到

---

① 习近平:《在第十二届全国人民代表大会第一次会议上的讲话》,《人民日报》2013年3月18日。

了反动当局的残酷镇压。陈祝三听说爱国学生被打伤后奋不顾身驾车前去抢救学生,行至中途被国民党特务截击,当场牺牲,时年58岁,陈祝三由此成为雨花英烈中最年长的烈士。

总体来看,雨花英烈的年龄分布在16岁到58岁之间,但绝大多数集中在30岁左右,他们都是在青少年时期就确立了革命理想,在青壮年时期身体力行地为了革命理想的实现不断努力,并将革命理想的实践坚持到生命最后一刻。

习近平总书记指出,青年价值观的养成就像穿衣服扣扣子一样,如果第一粒扣子扣错了,剩余的扣子都会扣错,人生的扣子从一开始就要扣好。习近平总书记的"扣子论"告诉我们假如第一粒扣子扣错了,不仅前功尽弃,而且越是努力离目标越远,因此价值观这粒人生最重要的"扣子"从青年时代起就要扣好,否则走得越快,陷入迷途也就越深。雨花英烈的青年群体就是扣好人生第一粒扣子的杰出代表,正是因为扣对了人生第一粒扣子才使得他们树立了革命理想和共产主义理想信念,他们的青春才闪耀出一般人所难以企及的光彩。雨花英烈虽然英年早逝,但他们的精神生命永存。青春谁都拥有过,但未必谁都能拥有值得回忆的美好青春。雨花英烈的青春因为勇于超越自我、勇于担当祖国未来和勇于为民请命而格外亮丽,他们是中国真正的脊梁,他们的献身精神播种下了中华民族复兴的种子。在实现中华民族伟大复兴中国梦的奋斗历程中,在过分张扬工具理性和个人功利的当今时代,这种自觉担当和勇于自我牺牲精神诠释的青春便具有了特别的感染力。

第二节　阶级视角:选择必须选择的

阶级,究其实质是一个经济范畴,是在一定生产关系中处于不同地位的社会集团。换言之,阶级的存在和发展都同经济有着不可分割的联系,特别是同一定的生产资料所有制关联紧密,阶级一经生成,即要在经济关系的基础上,派生出各个阶级的政治立场、意识形态和社会心理。正因如此,马克思认为"阶级对立是建立在经济基础上的,是建立在迄今存在的物质生产方式和由这种方式所决定的交换关系上的"①。人类社会文明史诞生几千年来,其演进发展无不伴随着人类阶级社会的发展而前进,可以说正是阶级的存在使几千年的阶级社会取得了文明成果。马克思晚年在《哲学的贫困》中揭示了文明发展的一条规律:"没有对抗就没有进步。这是文明直到今天所遵循的规律。到目前为止,生产力就是由于这种阶级对抗的规律而发展起来的。"②而一个人的阶级属性规定了其政治立场、言论举止等方面的内容要向着本阶级利益服务的方向。雨花英烈的阶级属性是多样的,既有革命的领导者和最可靠同盟军的工农阶层,他们是革命的主力军;也有大地主、大资产阶级、民族资产阶级和城市小资产阶级出身的代表,他们因为对革命理想和共产主义信仰的坚定,选择脱离了原有的阶级,成为站在工农立场上的坚定革命者。

表 3-2   南京雨花台上版展陈的 179 位雨花英烈出身情况

官宦	地主	商人	知识分子	华侨	工人	富农	市民	其他	不详
9	16	22	24	1	6	8	27	43	23

一、工农阶层

雨花台烈士中有这样一批人,他们出身工农阶级,生活贫寒,他们坚定选择了革命道路,并为心中的理想英勇就义。在敌人的铁窗炼狱中、在远离组织的特殊环境下、在各种形式的威胁和利诱前,他们经受住了精神和肉体上的特殊、复杂而严酷的考验。在这批人中,尤其是那些风华正茂的年轻革命者,倘若有一点动摇和悔过的表现,便可以走出死亡的阴影。但这些用特殊材料制成的共产党人,在人生最为严峻的考验面前,在生死抉择的一瞬之间,他们舍生取义交出了辉煌的答卷。出身工农,作为革命的主力军,他们懂得生命的珍贵,但或者正是由于工农卑微的处境,他们才心系人民,将人民群众的利益至上,用热血和生命捍卫了心中的信仰。

---

① 《马克思恩格斯全集》第 5 卷,人民出版社 1958 年版,第 533 页。
② 《马克思恩格斯全集》第 4 卷,人民出版社 1958 年版,第 104 页。

谭寿林,1896年出生于广西贵港一个农民家庭,他从小就感受到了民族灾难的深重和人民生活的水深火热。1919年,五四运动的浪潮席卷全国,谭寿林积极投入到这场伟大的革命运动中并写下了许多文章进行宣传,他在《国耻当雪论》中写道:"呜呼,同胞乎,同胞乎,宁靦颜以忍耻乎,将奋发而图雪耻乎?"五四运动前夜,在中学读书的谭寿林写下了一篇题为《丈夫当以功济四海论》的作文。当辛亥革命的胜利果实在广西落到以陆荣廷为代表的旧桂系军阀手里时,在帝国主义和封建主义的双重压迫下,广西人民生活在贫穷、落后、动荡的苦难深渊。作为农民的儿子,他因此更能体会下层人民的贫苦,也因此更加牵挂人民群众,"天下有事丈夫当以功济四海"是谭寿林在他的作品中抒发出来的担当天下、改造世界的宏伟志向。为了改善下层人民生活、实现革命理想,谭寿林不仅将满腔爱国热情挥洒在笔墨中,更是身体力行积极投入到反帝反军阀的斗争浪潮之中,几次被敌人逮捕但从不屈服,直至1931年在雨花台英勇就义,他的一生都在为争取人民幸福、民族解放而战斗。

冷少农,出生于贵州瓮安县一个农民家庭。1917年,17岁的冷少农以优异成绩考入贵州省公立法政专门学校。在校期间,他认真阅读进步书刊,研读马列主义著作,确立了共产主义理想信念,开启了为人民服务的道路。1925年,冷少农辞别母亲妻儿离开家乡,来到当时中国革命的中心——广州,投身革命事业。正当冷少农在龙潭虎穴中紧张开展革命工作之时,一封来自千里之外的家信却使他久久痛楚。在信中,母亲认为他在南京贪图享乐忘却了家,斥责他"不忠不孝、忘恩负义"。冷少农梳理好复杂的思绪,给母亲回复了一封数千字的长信。他在信中无法直接说明自己长期不能回乡探望的原因和真实的工作境况,只能委婉却深情地写道:"你老人家和家庭一切人过去和现在的苦痛,我是知道的,但是无论怎样的苦,总不会比较那些挑抬的和那些讨田耕种的、讨饭的小偷们、土匪们苦痛……我想使他们个个都有饭吃,都有衣穿,都有房子,都有事情做。"由于长期不能回家,冷少农对家人始终心怀愧疚,面对凶险的环境只能把对家人的思念深藏心底,顶着被家人误解的压力和痛苦,他坚守了共产党人对人民的赤子之心。

马克思恩格斯在《共产党宣言》中一方面指出:"过去的一切运动都

是少数人的,或者为少数人谋利益的运动。无产阶级的运动是绝大多数
人的,为绝大多数人谋利益的独立的运动"①。另一方面又认为"无产者
在这个革命中失去的只是锁链。他们获得的将是整个世界"②。共产党
人具有以往政党所不具有的伟大品质,出身工农阶层的雨花英烈无一例
外都具备这种品质,他们将无产阶级和人民的解放事业作为根本使命和
存在价值。雨花英烈是在实现共产主义的革命中、在无私的共产党领导
下自己解放自己,使自己永远摆脱阶级压迫和剥削成为世界的真正主人。
他们为了人民的美好生活不懈奋斗,他们对美好未来的憧憬和坚定信仰
正是出身工农阶层的雨花英烈进行革命的重要动力,也是使其成为革命
领导者和主体动力的重要因素。他们始终将人民群众放在心上,为了人
民的幸福前仆后继,这不仅是工农阶层阶级的属性使然,更是人民至上理
念的必然。

二、非工农阶层

雨花英烈中还有这样一批人,他们出身于大地主、大资产阶级、民族
资产阶级和城市小资产阶级,本可以过着衣食无忧的生活,却走上了革命
的漫漫征途。在斗争的关键时刻,特别是革命遭受空前严峻的形势下,他
们始终忠于革命理想,脱离原有阶级,用鲜血和生命推进和捍卫革命,成
为红旗不倒的勇敢擎旗人;在利益的抉择面前,他们坚持革命理想,勇于
自我牺牲,舍弃本来属于自己的财产、机遇和情感,以实际行动彰显党的
宗旨,兑现对人民的庄严承诺。他们在马克思主义的指引下成为革命的
指路明灯,马克思主义是科学真理性与价值合理性的辩证统一。因此,他
们用揭示了人类社会发展规律的马克思主义武装起来的具有坚定的马克
思主义信仰和共产主义信念看清社会发展的大势,引领历史潮流,也正是
这种使其拥有常人所不能拥有的建设美好未来新社会的坚定信心和革命
意志,才使得出身非工农阶层的雨花英烈自觉自愿地抛弃唾手可得的物
质财富和个人安逸,放弃安逸的生活,远离家庭、远离亲人、脱离原有的阶

---

① 《马克思恩格斯文集》第 2 卷,人民出版社 2009 年版,第 42 页。
② 《马克思恩格斯文集》第 2 卷,人民出版社 2009 年版,第 66 页。

级担负起了解救民族和劳苦大众的历史责任。

邓中夏,1894 年出生于湖南宜章的地主官宦家庭。这一年,是第一次鸦片战争爆发后的第 54 年;这一年,中日甲午战争爆发,中国一步步沦为半殖民地半封建社会。邓中夏自幼饱读诗书,在传统爱国思想的激励下,培育起救国救民的志向。1911 年,邓中夏入宜章县高等小学就读时,恰逢辛亥革命爆发,他目睹了这场革命的潮起潮落,更为民族的前途担忧。1917 年,邓中夏考入北京大学中国文学门,这个饱读诗书的青年本可以选择毕业后回家谋个一官半职,过着小富即安的生活,但他心中胸怀的是革命胜利、民族独立、国家富强的希望,争取中华民族之独立自由和解放是邓中夏这位中国共产主义先驱者一生矢志不渝的目标。于是,他放弃了原本属于自己安逸的官僚生活选择加入中国共产党,走上革命的道路。被捕入狱后,他以共产党员的坚定信念和钢铁意志,挺住了敌人金钱厚禄的利诱和严刑拷打的摧残。"我们为民族的生存与尊严计,不奋斗亦死,与其不奋斗而死,何如奋斗而死。"邓中夏将革命理想、拯救国家、再造中华当作铁一般的使命担当,脱离官僚阶级成为坚定的马克思主义者。

朱杏南,1898 年出生于江苏江阴,家境殷实,祖父曾开设米行,置田产 500 余亩,建房 40 余间。用今天的话来讲,朱杏南是一位名副其实的"富二代"。朱杏南 14 岁毕业于夏港毓英初等小学,15 岁在江阴城内的礼延高等小学读书,后跟一位姓韩的医师学中医。1915 年,由于祖父去世,朱母以长子杏雨任意挥霍、酷嗜烟赌、不事生产而难以支撑家业,急召幼年丧父的朱杏南回家与哥哥分理家务,各自生产。朱家几代累积的财富颇为殷实,即使一分为二,所属朱杏南的产业也极为可观,朱杏南分得田产 200 余亩。不久,朱杏南与别人合资开设了同丰泰酒坊,经营良好,加之田产租货收入,资金充裕,生活很是富足。1919 年,当五四运动的革命风潮传播到夏港这个江南小镇时,朱杏南满腔热情地投入到声援活动中。经过五四运动的洗礼,他接受了马克思主义,开始树立革命理想和共产主义信仰。1926 年,朱杏南加入了中国共产党,积极开展革命宣传和组织工作,从此踏入革命道路不再回头。北伐军进驻夏港后,国民党临时县党部随之成立,论派职务时有人对朱杏南说,夏港烟酒公卖局局长一职实在是肥缺,你何不就任？朱杏南回答道:"吾有田产尚愿偿,却信仰主义随党走去,岂为利哉?"他不仅拒绝了高官厚禄的诱惑,当党内经费困难时,还由于家境殷实每月从家中取钱与大家分用;当革命活动需要经费时,他经常不顾子女的反对回家变卖土地。正是心中胸怀革命理想,朱杏南成为"变卖家产闹革命"的革命战士。

侯绍裘,1896 年出生于江苏松江一个地主兼商人家庭。17 岁考入江苏省立第三中学。他热爱科学,喜欢科学读物,憎恶迷信,常常在作文簿的空页上画岳飞、文天祥等民族英雄的像。经过五四运动的洗礼,侯绍裘开始对工人的苦难、资本家的剥削产生思考,对比一些商人的唯利是图,知识界有些人的投机政客做派,他的感情和立足点开始发生了根本性的变化,革命理想在他心中冉冉升起,于是他决定脱离地主阶级转向工人一边与工人阶级共事。1921 年夏,侯绍裘回到松江和老师朱季恂多方筹款,变卖家产,共同接办了面临停办的景贤女校,改校名为景贤女子中学。此后,他又多次在报纸上宣传为工农服务的思想,在《学生杂志》上指出"我们认识,我们身上的血肉,就是农工的血肉构成的"。从一个地主阶级到确立无产阶级的世界观,侯绍裘已经成为一个坚定的社会主义者并为无产阶级和广大人民的解放贡献了自己的一切。

一般而言,富有阶级或阶层都是既得利益者,有其社会存在所决定的不以其意志为转移的政治倾向,在总体上是保守的,希望维持现状而反对变革和革命。雨花英烈中很多人家境很富裕,身处上流社会,但他们却心甘情愿放弃优越的物质生活,投身到艰难困苦甚至是牺牲自己生命的革命事业中来。这也就是说,他们不是因为个人生活所迫,而是真正为追求远大的理想信念,为此甘愿受苦受难甚至不惜牺牲自己的生命。他们心中始终装着劳苦大众的苦难,面对财富与安乐的诱惑也无动于衷,因为在他们看来,在国难当头、民不聊生的时代,贪图个人享乐或苟且偷安是极其可耻的。因此,他们作为思想先觉者便能够自觉地放弃个人的荣华富贵投身到为解放劳苦大众的伟大事业中来。有的人变卖了家产干革命,有的人干脆把家产捐献给了革命活动,这种为了民族大业而超越自我利益的精神是极其难能可贵的,它不仅是中华民族"天下兴亡,匹夫有责"文化精神的生动体现,更是共产党人全心全意为人民服务的一种道德境界的完美展现。

人民创造历史,但只有那些能够自觉地与历史发展潮流保持同向的人们,只有那些不因循守旧、不满足现状的人们,只有那些不仅不贪图个人荣华富贵而且还能超越自我利益、自觉地把自己的人生理想融入国家和民族的命运中的人们,才能最终成就一番事业,才能为历史的发展作出更大的贡献。无论是出身工农阶层还是出身非工农阶层,他们共同展示了雨花英烈崇高的理想信念、高尚的道德情操和为人民牺牲的大无畏精神,这一精神不仅是中国共产党人"初心"之典范,更是近现代以来中华民族仁人志士为拯救民族苦难而英勇奋斗精神之楷模,而贯穿其中的灵魂则是基于马克思主义武装的坚定的信仰,坚定的信仰使他们比同时代的其他人更能真正理解信仰的意义,更加具有为解救人民的苦难和民族的解放而不畏牺牲、勇于献身。

第三节 教育视角:信仰与知识互动

信仰指对某种主张、主义、宗教或某人极度相信和尊敬,并把它奉为自己的最高行为准则和价值评价标准。在面临行为矛盾和价值冲突时,正是信仰起到裁判和抉择的作用。理性化的信仰能够真正成就人生,并最大限度地实现人生价值,那些基于无知或错误理论的盲目性的信仰不会成就真正的人生。雨花英烈中许多人具有比较高的文化知识水平,有的是大学毕业生,有的是留洋博士,在当时是属于社会最高端的知识精英阶层,这充分证明了坚定的信仰需要理论自觉和科学的理论来武装。有文化的知识分子往往具有比普通人更开阔的眼界和更高尚的境界,尤其是在国难当头、民不聊生时,他们比普通百姓有更高的政治觉悟,更富有救国救民的情怀。当这种情怀与以解放无产阶级为己任的马克思主义科学理论相遇时,便更容易坚定对马克思主义的信仰。而马克思恩格斯认为工人阶级的未来,人类的未来,"完全取决于正在成长的一代的教育"[①]。马克思视野中的教育首先面向的不是个人及其相互关系,而是真

---

① 《马克思恩格斯全集》第21卷,人民出版社2003年版,第4页。

正意义的人类社会或者"社会的人类"①,致力于重建美好社会,"现代的普遍交往,除了归属于全体个人,不可能归属于各个人"②。显然,马克思认为,教育对构建平等的社会关系,对于实现美好的生活、实现人的自由全面发展具有重要作用。同时在近代中国,实行现代化教育的救国理念深入人心,在蔡元培、陶行知等知名教育家的努力下,一代代在教育环境中成长的少年走上了探索独立自由之路。雨花英烈很多出身富裕家庭,受过良好的教育,有较高的学识修养,不乏艺术天分和才情,他们的英雄事迹,揭示共产主义信仰的力量,反映了在当时历史环境下,一批批优秀青年对国家和民族的责任担当。

一、"草根"的坚定信仰

雨花英烈中有这么一群人,由于生前出生于并不富裕的家庭,只能将对知识的渴求埋藏在心底,这群人要么没有去过学校读书,要么即使去过,但因为家庭重担持续时间也很短暂,相较于当时能够上大学的革命战士来说,他们也许就是那个群体中的"草根"。这样的雨花英烈数量不多,虽然没有接受过正统的教育和系统科学的理论知识,但他们从小接受的家庭教育帮助他们树立了正确的价值观,比如感恩、助人、宽容、自律等品质。此外,他们大多数人走上革命道路后无一例外都接受了无产阶级思想的影响,获得了马克思主义理论、共产主义理论的教育,从而在革命道路上披荆斩棘、无畏前进。他们,是那个时代苦难的人,但也是觉醒的人,更是有坚定信仰的人。

汪裕先,1908 年出生在上海,家境非常贫寒,7 岁时父亲病故,母亲靠针线活维持生计,贫苦的生活和幼年丧父的经历使汪裕先比同龄人具有更多的坚韧气质和战胜困难的勇气,也促使他更多的思考社会的不公和生活的意义。为了能让汪裕先多读些书,尽管生活困窘,母亲也会坚持让他在镇上进行义务小学学习。几年的读书生活使汪裕先增长了知识,激发了他对新思想的渴望和期盼。但汪裕先小学毕业后,贫困的家庭再无

---

① 《马克思恩格斯文集》第 1 卷,人民出版社 2009 年版,第 502 页。
② 《马克思恩格斯文集》第 1 卷,人民出版社 2009 年版,第 581 页。

能力供养其读书。于是 13 岁的汪裕先到上海一家钱庄做学徒,3 年后由于钱庄倒闭,汪裕先经其表舅父介绍到上海华商电气公司(简称"华电")灯务科专司抄表收费工作。大革命时期的华商电气公司,是中共在上海南市活动的一个重要据点。受到同宿舍中共党员的启蒙,年轻的汪裕先如饥似渴地阅读马列书籍,接受革命真理,树立了革命理想和共产主义信仰。他立志要改变穷人的命运,让劳苦大众过上幸福生活。1926 年初,汪裕先加入了中国共产党,此后多次领导工人起义和农民武装斗争,直到被捕入狱也毫不畏惧。在狱中的 4 年生活,他把对父亲的安慰、家庭的眷恋、妻儿的牵挂留在了一封封书信中。可以说,这位"小学生"为了心中的革命理想与现实斗争,在接受了马克思列宁主义后成为一名坚定的革命战士,并用一生浇灌了革命的果实。

二、"大学生"的鸿鹄之志

牺牲在雨花台的革命战士中有这样一批人,他们饱览群书,在那个风雨飘摇的年代迈入高等学府的大门,接触并接受了系统的马克思主义教育,树立共产主义远大理想,从而更能在科学真理的指导下认清和把握时代前进的方向,找到改变中国社会面貌的正确道路。南京雨花台烈士纪念馆上版展陈的 179 位雨花英烈中,有近 70%受过师范或高等教育。

表 3-3　部分雨花英烈生前读书学校

姓　名	就读学校
成　律	东南大学
吴光田	东南大学
文化震	东南大学
钟天樾	东南大学
齐国庆	东南大学、江苏大学
王崇典	东南大学、第四中山大学
黄祥宾	东南大学、中央大学
顾　衡	第四中山大学、中央大学
陈朝海	中央大学
成贻宾	中央大学

姓　名	就读学校
陈景星	金陵大学
石　璞	金陵大学
刘重民	金陵大学
黄叔雷	金陵大学
谭寿林	北京大学
刘亚生	北京大学
朱克靖	北京大学、莫斯科东方大学
邓中夏	湖南高等师范学校、北京大学
刘雪亮	北平大学
杨　斌	北平大学
施　滉	清华大学、美国斯坦福大学
许包野	法国里昂大学、德国奥古斯特·歌廷根大学等
张　炽	北京民国大学
黄瑞生	北京农业大学
吕惠生	北京农业大学
杨振铎	上海大学
师集贤	上海大学
郭纲琳（女）	上海中国公学大学部
徐述尧	上海中国公学大学部
侯绍裘	上海工业专门学校
张应春（女）	上海女子体育专门学校
谭梓生	上海法政大学
吕国英（女）	上海中华艺术大学
任天石	上海中国医学院
黄　励（女）	莫斯科中山大学
李得钊	莫斯科中山大学
张文卿	莫斯科中山大学
陈原道	莫斯科中山大学
谢文锦	莫斯科东方大学
李济平	莫斯科东方大学

续表

姓　名	就读学校
胡南生	莫斯科东方大学
胡秉铎	黄埔军校二期
高文华	黄埔军校三期
周不论	黄埔军校五期
文绍珍	黄埔军校四期
蓝文胜	黄埔军校五期
芮兰生	黄埔军校六期
于以振	黄埔军校
谢士炎	国民党陆军大学
朱建国	国民党陆军大学
赵良璋	国民党空军军事学校
金佛庄	保定陆军军官学校
吴振鹏	安徽省立第一师范学校、上海大学
陈处泰	安徽大学、上海法政学院
何宝珍（女）	湖南省立第三师范学校
梁　永	南京五州公学
丁　香（女）	东吴大学
许金元	杭州之江大学
谢　曦	天津高等工业学校
马克昌	云南省立第一师范学校
李治邦	贵州大学、上海法科大学
石　俊	南京晓庄师范
叶　刚	南京晓庄师范
谢纬棨	南京晓庄师范
郭凤韶（女）	南京晓庄师范
袁咨桐	南京晓庄师范
姚爱兰（女）	南京晓庄师范
沈云楼	南京晓庄师范
胡尚志	南京晓庄师范
汤　藻	南京晓庄师范
马名驹	南京晓庄师范

　　成贻宾自幼聪慧过人,4 岁就能与伯父作对联。中学毕业后报考清华大学、英士大学、中央大学,被三所学校同时录取,因没有盘缠去北京,故就近留在南京学习,随后他把未婚妻也带到了南京。1944 年,就读于南京模范中学的成贻宾给未婚妻彭毓芬写了一封"甜蜜"的情书,在信中他拟定了"新生十大信条"表达自己的信念。1949 年 4 月 1 日,南京十所大专院校的 6000 多名学生及教职员工举行大游行,成贻宾就是其中一员,他因博览群书,深受马克思主义的熏陶,更懂得革命需要什么,革命的方向在哪里。他和其他大学生一起要求国民党政府接受中国共产党的八项和平条件,但许多学生遭到国民党暴徒的围殴和毒打,成贻宾也因身受伤重于 4 月 19 日不治去世,此时距离南京解放仅仅只有 4 天,因此也被誉为"雨花台的最后一位烈士"。成贻宾,一个英俊帅气、才华横溢的大学生,他将渊博的学识化为革命的动力,指引着追寻革命胜利的方向。

　　1927 年 3 月至 1930 年 4 月,在南京神策门外迈皋桥老山脚下一个叫晓庄的地方,人民教育家陶行知创办了"晓庄试验乡村师范学校"。晓庄师范创始人陶行知以"捧着一颗心来,不带半根草去"的赤子之忱,与劳苦大众休戚与共。石俊、叶刚、郭凤韶、谢纬棨、袁咨桐、姚爱兰、沈云楼、胡尚志、汤藻、马名驹等十位晓庄师范的学生,就是在这里深受进步思想的影响进而加入了共产党、共青团等进步组织。1930 年 4 月 12 日,国民党南京卫戍司令部派出一个团的兵力,全副武装开到晓庄将其封闭,晓庄师范被封闭后地下党的同志和革命师生仍不忘学习、不忘理想,为了追寻心中的信仰,继续开展革命工作。他们中的一部分留在南京,继续坚持斗争;一部分转移到上海和其他地方,担任联络工作。虽然他们最终都难逃被捕入狱惨遭杀害的命运,但因为受到了先进教育理念和教育思想的影响,为了心中的信仰,这十位晓庄师范年轻的"学者"为谋求中华民族的解放、为探求中国教育的新路披荆斩棘、不惮前行,他们用年轻的生命,谱写了一曲荡气回肠的英雄壮歌,展现了革命者的勇气和担当。

三、"海归"的坚毅选择

　　牺牲在雨花台的革命战士有一部分曾留洋海外,接受了西方系统教育,但在学成之时回到祖国将所学用于中国的苦难现实,用于拯救劳苦大众。这批高学历的革命战士在理论和实践的结合中,在接受和批判的辩证思考中选择了马克思主义作为引领革命胜利的科学理论,树立了共产主义信仰,引领中国在漫漫长夜中艰辛探索、执着前行、浴血奋斗、英勇献身,最终成就革命胜利、新中国成立的宏图大业。

表 3-4　南京雨花台上版展陈的 179 位雨花英烈海外就读高校情况

姓　名	学　校	备　注
朱克靖	北京大学、莫斯科东方大学	
施　滉	清华大学、美国斯坦福大学	获硕士学位
许包野	法国里昂大学、 德国奥古斯特·哥廷根大学等	获哲学博士学位
胡南生、谢文锦、李济平	莫斯科东方大学	
李得钊、陈原道、张文卿、 黄励(女)	莫斯科中山大学	
顾浚、于以振	黄埔军校	顾浚曾留学德国, 于以振曾留学苏联

许包野,1900 年出生于泰国一个华侨家庭,7 岁回到祖国。1919 年上半年,许包野在澄海县立中学毕业,时值五四运动兴起,刚刚 20 岁的他受五四新文化的激荡接触到了马克思主义思想。此时,他的思想已经开始产生变化,他投考了以蔡元培为会长的"华法教育会"组织的赴法勤工俭学,在法国里昂大学学习哲学和法律,第二年转至德国格奥尔格·奥古斯特·哥廷根大学并取得博士学位。1923 年,在一次留学生聚会上,许包野结识了朱德,经朱德介绍加入了中国共产党,成为旅欧支部的一名先锋战士。1925 年下半年,许包野来到奥地利维也纳,继续学习哲学,并再次取得了博士学位。许包野在国外学习和工作长达 11 年之久,除了英国之外,他几乎游历过所有的西欧国家,精通俄、英、法等多国文字,他在莫斯科拥有稳定的职业、良好的收入和较高的社会地位,但他却无时无刻不记挂着灾难深重的祖国,他说:"共产党要的是整个世界,要共产主义的世界。"这是许包野的革命初心,也是他牺牲前一直践行的革命理想。正是因为受大量科学理论知识的洗礼,他在学有所成时选择回到祖国,只为革命胜利的目标,只为实现心中的理想。

施滉出生于云南一个贫寒的家庭,1917 年,17 岁的他凭借优异成绩顺利考入清华大学。他在这里接受了大量科学知识和先进思想,他组织成立了追求救国真理的爱国青年组织唯真学会,还在学会内部组织了一个秘密社团取名"超桃",他们提出"政治救国"和"本互助和奋斗的精神,研究学术,改良社会,以求人类的真幸福"的主张。1924 年秋,施滉来到美国,在斯坦福大学学习东方史,他凭借丰富的学识和开阔的视野对国内形势、对共产党和国民党进行了客观的比较和分析,在经过慎重思考后,施滉于 1927 年 3 月加入美国共产党,成为中国留美学生和旅美华侨中的第一批共产党员。尽管饱读百书,但在革命实践中,施滉仍感到自己在理论上的不足,他在莫斯科少共国际学校担任翻译时如饥似渴地学习了马列主义,学有所成时毅然投身国内革命,面临国内革命斗争形势他无所畏惧,面对叛徒出卖,他坚信革命终有胜利的一天。

正是因为阅读了大量马列主义书籍,接受了先进的教育,部分雨花英烈才能参与中国共产党的建立,建立先进的党组织,如邓中夏、邓演达、恽代英等,这其中大部分都先后加入了中国共产党,树立了共产主义远大理想,即使部分不是共产党人也同样具有共产党人的高尚情操。渊博的学识和坚定的信仰使他们参加革命不再盲从,而是基于科学革命理论的武装,在科学理论的指引下意识到消灭剥削建立平等的社会是不以人的意志为转移的人类历史发展的大趋势,他们更明白唯有牺牲自己才能唤醒人民的革命自觉以实现美好的未来。这样一来,他们对为之奋斗的理想信念便具有了比较高的思想自觉和理论自信,对理想信念的忠诚有着情感和理性的双重力量的支撑而更加坚定,他们能自觉意识到为劳苦大众的解放而牺牲自己是值得的和光荣的,这就更能坚定他们为理念信念而勇于牺牲的革命精神。人民有信仰,民族有希望,国家有力量,对马克思主义的信仰、对社会主义和共产主义的信念是共产党人的政治灵魂,也是彰显科学知识和信仰的力量。

第四节　性别视角:巾帼须眉挥斥方遒

雨花台是新民主主义革命时期中国共产党人和爱国志士的集中殉难

地,为争取民族独立、人民解放,雨花英烈不懈探索、前仆后继、英勇奋斗,付出了艰辛努力和极大牺牲,雨花英烈的革命活动贯穿整个新民主主义革命时期,其中除了有大多数的男子,也不乏有女性的身影。

一、男儿生当为人杰

身为男儿,必当胸怀天下,因此在雨花英烈男性群体中我们会看到,不管是八一南昌起义、土地革命战争还是抗日战争、解放战争,总有一批又一批胸怀大志的男儿在革命战争年代投身革命,在人民军队的建立、发展和壮大过程中作出贡献。如果将时间镜头拉回至1927年前后,我们会看到不管在任何阶段,雨花英烈中的男儿始终活跃在中国革命事业第一线。如果将这些男儿分成不同类别,那么男儿中的举义群英当属邓中夏、恽代英、朱克靖、袁国平、顾浚等,他们在南昌起义期间发挥了积极作用;男儿中的红军骨干当属邓振询、谭梓生、蒋云等,他们在土地革命期间充当了坚实支柱;男儿中的抗日先锋当属罗登贤、项英等,他们坚决抗击日本侵略,用鲜血书写了一个个英勇事迹;男儿中的决战功臣当属晋夫、刘亚生等,他们在解放战争中为夺取最后的胜利而浴血奋战。尽管他们的出场顺序有所差异,但在他们身上能看到怀揣着救国救民的理想,身为男儿,他们冒着牺牲自我的风险,干着九死一生的事业,用实际行动展现了革命男儿的血气方刚、展现了革命男儿的果敢担当、展现了革命男儿的坚定理想。

他们是革命先驱启明灯。"有的人活着,他已经死了;有的人死了,他还活着。"烈士恽代英属于后者。恽代英出生于1895年,可以说是那个年代标准的"90后",那么,那个时代"90后"的男儿都做了什么?以恽代英为例,他是《中国青年》的创办者,被无数爱国青年尊为导师,他是继周恩来之后,做过黄埔军校政治总教官的共产党员。在1927年中共五大上,他被选为中国共产党中央委员。恽代英在1927年大革命失败后,参加领导了南昌起义和广州起义,虽然这些起义在反动派和帝国主义联合进攻下也都先后失败了,但恽代英没有灰心丧气,反而鼓励周围同志"世界上没有一帆风顺的革命,挫折是不可避免的,要经得起挫折"。南昌起义和广州起义失败后,恽代英开始冷静思考,共产党拿起枪杆子后该何去何从？是进入大城市,还是占领农村,建立根据地？他开始意识到国共之间的斗争是一场持久战,当看到毛泽东提出的农村包围城市的道路时,他表示大力支持。恽代英生于 1895 年,死于 1931 年,虽然只活了短短36 个年头,但他在短暂的一生内所创造的事业是伟大的,他为革命的胜利贡献了自己的力量,成为革命先驱启明灯。敌人将他从牢房押往狱中刑场时,他神色坦然,昂首挺胸,沿途高唱《国际歌》,展现了男子面对失败,有泪不弹;面对困难,善于思考;面对死亡,无所畏惧的英雄气概。

他们是暗黑地狱潜伏者。在国共斗争中,隐蔽战线是战斗在敌人心脏里的战线,每一位隐蔽战线的同志无一不具有独立作战的能力。这是一群神秘人物,他们能无孔不入、无处不在,他们胜利了不能宣扬,失败了无法解释。关键时刻,他们的存在可以改写历史,因任务艰巨,这样的潜伏者大多都由男性担任,卢志英就是其中一位。1905 年,卢志英出生在山东潍坊昌邑县一个农民家庭,1920 年,卢志英逐渐接受了社会革命、共产主义、马克思主义等新思想,并于 1925 年加入中国共产党,奔赴隐蔽战线。在隐蔽战线工作期间,卢志英为了掩护战友,不惜牺牲了自己的孩子,直至为了革命事业和革命信念献出了自己宝贵的生命。他的一生都在黑暗中行进,但却是最伟大的暗黑地狱潜伏者。

他们琴心剑胆铸军魂。1922 年,袁国平考入湖南省立第一师范学校,五四后兴起的种种思潮在这里汇聚争鸣,追求进步、酷爱文学的袁国平在这里很受赏识,由于他善于到最前线去搞思想发动,他便亲赴前线,凭借自己深厚的文学功底,把思想工作做得风生水起,为革命事业做了强大的思想积淀。当袁国平听说广州黄埔军校在招生的时候,他毅然决然放弃了正在做的思想工作报考黄埔军校成为前线战士。1941 年 1 月,皖南事变爆发,袁国平所在部队身陷国民党重围,重伤的袁国平为了不拖累部队突围,举枪自尽,兑现了"99 发子弹射向敌人,最后 1 发留给自己"的悲壮诺言,用实际行动展现了军人血液中流淌的军魂。

当然,雨花英烈中的男儿形象并不仅仅是革命先驱启明灯、暗黑地狱潜伏者、琴心剑胆铸军魂的人物所能全部代表的,但他们身上共同的特征是革命男儿的勇敢、睿智和担当,是革命理想大于天的真实写照。

二、何必将军是丈夫

自古以来,男性在人类社会中长期处于中心地位,代表着权力的存在。相对而言,女性则处于社会的从属地位,代表着被压制、被支配的存在。如中国传统文化中经常会看到"三从四德"、"男尊女卑"等封建伦理思想。与此同时,传统社会中的女性也被赋予了勤俭、贤惠、善良的标签,北宋司马光就曾以"妇人固以俭约为美,不以侈丽为美"来描述封建社会女子的特征。随着时间的推移,"男主外、女主内"、"女子应当以家庭为主"、"女子读书无用论"等思想逐渐深入了中国人的血脉。然而中国的 20 世纪是争取民族独立的世纪,也是争取女性独立的世纪。沐浴在自由平等思想的春风里,几千年来囿于庭院的女性从解放身体开始拥抱新的生活,也在不断争取政治和社会参与。马克思曾强调实现社会主义的终极目标只有在解放全人类,特别是在解放妇女的基础上才能实现。马克思认为,"没有妇女的酵素就不可能有伟大的社会变革"[1],"只要妇女仍然被排除于社会的生产劳动之外而只限于从事家庭的私人劳动,那么妇女的解放,妇女同男子的平等,现在和将来都是不可能的"[2]。他们还认为占社会人口总数约一半的妇女与男子一样,都是社会物质文明与精神文明的创造者,在推动人类社会进步中发挥着巨大作用。

进入新时代,习近平总书记也曾指出"世界各国人民都生活在同一片蓝天下,拥有同一个家园,应该是一家人"[3]。从世界发展来看,世界作为一个大家庭,需要每一个国家的小家紧紧地联系在一起,妇女作为世界发展的一部分,要发挥自身的作用,在实现自身解放的同时,积极地参与到世界大家庭的建设中,实现全世界妇女的联合,构建人类命运共同体。从我国发展来看,中国发展进入新的阶段,实现"两个一百年"奋斗目标时间紧任务重,因此就需要动员包括女性在内的全体社会主义成员积极参与,建设好属于我们的美好家园。

---

① 《马克思恩格斯选集》第 4 卷,人民出版社 2012 年版,第 480 页。

② 《马克思恩格斯选集》第 4 卷,人民出版社 2012 年版,第 178 页。

③ 转引自陈家兴:《同在蓝天下,应是一家人》,《人民日报》2017 年 12 月 7 日。

　　因此,在不计其数的雨花英烈中,女性群体是必须被我们重视的,她们穿梭在工人运动和战争前线,投身到更广阔的民族解放革命中,谱写着特殊时代的女性传奇。当我们驻足观望、凝神关注这些革命者中看似柔弱的女子时,会发现她们身上闪耀着与众不同的光芒。据统计,在南京雨花台烈士纪念馆中上版展陈的 179 位雨花英烈中女烈士有 16 人,占比 8.9%。她们是母亲,是妻子,也是革命者。

　　她们一直在指引女工求解放。郭纲琳是雨花英烈中的一位女性,她曾在上海美亚丝厂开办女工夜校,启发工人觉悟,她领导和组织多名丝厂工人为争取工资而进行了大罢工。1934 年初,郭纲琳被调往上海闸北区任团委书记,当时闸北区委已经遭到破坏,环境险恶,郭纲琳毫不畏惧,主持制定了大昌德绸厂罢工计划。面对死亡,郭纲琳怒斥敌人:"我一个手无寸铁的女子,凭了真理,凭了对人民的忠贞,凭了党给我的教育,我将你们费了不少狗气力想出来的一切阴谋诡计打得粉碎,可见我是胜利了……"①郭纲琳的一生都在为启发女性思考,为争取女性权利而斗争,展现了女性直面生死的勇气和力量。

　　她们掀起"女师学潮",震撼武汉三镇。1934 年 2 月,南京雨花台刑场,一位女共产党员在凛冽寒风中昂首挺立,慨然赴死。在这之前,生的大门曾向她敞开:只要到反省院进行反省,就有机会获得保释。对此,她作出选择:"宁为革命死,绝不去反省院。"最终,她为革命流尽了最后一滴血,她就是巾帼英烈徐全直,也是中共一大代表、党的创始人之一陈潭秋的妻子。1921 年夏天,由陈潭秋发起,徐全直、夏之栩等十多位同学共同创办了妇女读书会,这是湖北一个由共产党领导的妇女革命团体。1922 年国文教师刘子通因传播妇女解放思想被校方解聘,此事件引起学生强烈不满,徐全直、夏之栩等作为代表与校方交涉,先后组织两次罢课,形成社会广泛关注的"女师学潮",震撼了武汉三镇。可以说,徐全直一生都在用行动为女性的解放和成长尽心尽力贡献自己的力量,彰显了女性作为革命者的气概。

　　她们是"男女平等、女性自立"思想的倡导者。孙晓梅出身书香门

---

①　转引自邱冰清:《"永是勇士"的革命女战士:郭纲琳》,《人民日报》2018 年 10 月 27 日。

第，家中封建意识浓厚，因为爷爷重男轻女思想的影响，停止了她已经开始的学习生涯。但就在她接受教育的短短几年中便萌发了"男女平等、女性自立"的观念，也就是在她16岁时提出女人一定要像男人一样，走向社会自立自强。1938年，一封普通的家信改变了孙晓梅的人生，堂弟在信中动员她到皖南参加新四军，孙晓梅到了云岭后加入了专门培养妇女干部的第八队学习，成为一名优秀的妇女干部，后继续从事妇女革命运动直至牺牲。无独有偶，张应春与孙晓梅一样，从小就具有爱国主义的思想和民主革命的精神，具有女子少有的率直刚强与疾恶如仇。当她发现有很多年长的女性因为年龄因素不能入校读书的时候，就在其任教地黎里建立了暑期学校，号召这些女性从家庭束缚中解放出来。可以说，这些女性革命者的一生都在进行着妇女解放事业，夙兴夜寐，从未松懈，直至生命的最后一刻。

她们是"舍小家为大家"的奉献者。"干革命还顾得了这些，人民不解放，我们的孩子们也得不到幸福，但愿小宝贝们能在艰难的环境中活下去，等革命成功后，找到他们定要送他们去学习。让他们学科学，学技术，建设我们的新国家。"这是刘少奇同志的革命伴侣何宝珍在狱中想念自己的三个孩子时对难友们说的话。何宝珍作为母亲，却在孩子最需要她的时候为了革命工作将孩子托付他人，忍受骨肉分离之苦。1934年深秋的一天早晨，何宝珍在雨花台刑场英勇就义。此时，她的长子刘允斌在湖南宁乡炭子冲，女儿刘爱琴正在一户人家做童养媳，幼儿刘允若被她匆匆交给邻居后被送给贫苦农民当了养子。何宝珍作为刘少奇同志的革命伴侣，参与了许多重大的革命活动，也尝尽了与亲人的聚散离合，凭借对创建新中国的强烈渴望，她把频频出现的夫妻分离、母子失散视为等闲寻常，将个人情感埋藏心底，战斗在革命最需要的地方，当自己的生命即将走到尽头的时候，她心中升腾的是未来的"新国家"。

雨花英烈中的女性群体，展现的是女性担当和女性力量，她们身上的柔中带刚、意志坚强是对革命理想、对共产主义信仰的最好诠释。身为女性，她们用实际行动冲破了传统观念的束缚，用女性特有的细致、忍耐和智慧为革命事业的成功贡献了闪耀着女性光芒的革命力量。

第五节 地域视角：青山一处埋忠骨

在南京雨花台烈士纪念馆展馆的序言中，记录着来自全国22个省份和地区的1519名烈士，他们代表了新民主主义革命时期来自全国各地雨花英烈的英勇事迹和崇高精神，他们天南地北归一途，将生命定格雨花台，他们闪耀着雨花英烈精神的光芒，熔铸了雨花英烈精神，并成为中国共产党和中华民族极为宝贵的精神财富。

一、五湖四海 定格雨花

从地理位置来看，雨花英烈是新民主主义革命时期牺牲在雨花台及南京周边地区烈士的总称，他们来自全国不同省份、不同地区，是革命年代共产党人奋斗牺牲的典范和崇高精神的化身。他们来自全国20多个省级行政区，牺牲时间跨度长达20多年，他们战斗在国民党统治中心，经受被捕、审讯、监狱、刑场的考验，是最具典型性的"刑场英烈"的代表。目前，在江苏省南京市的雨花台烈士纪念馆中共展示了来自上海、甘肃、云南、福建、河南等22个省区市的1519位烈士的史料以及1100多件革命文物和144张黑白照片。

从时间跨度来看，雨花英烈比较集中地牺牲在1927年大革命失败后的那段岁月。那时，中国共产党正处于罕见的逆境当中，英烈们又奋斗在国民党反动派统治的核心区域，因此，这一时期是中国共产党发展史上最为低谷、最难以看到未来前途、最为艰难的特殊历史时期，这是与其他革命时期的最大不同点，进而也使雨花英烈精神与其他时期所形成的革命精神相比更富有鲜明的大无畏品质。雨花英烈不仅孤独无援，生活困苦，日常生活和生命都没有最基本的保障，还要面对家人的误解、同志的怀疑，但正是因为全国各地的革命战士始终抱有对革命前途必胜的信念使他们从不畏惧。敌人把雨花台作为屠杀共产党人示众的断头台，但雨花英烈却将这断头台变成了对共产主义事业的宣讲台，他们来自五湖四海，却将生命定格雨花，他们之所以能够有这种常人所难以具备的大无畏牺牲精神，其背后正是共产主义信仰的力量。

表 3-5 南京雨花台上版展陈的 179 名雨花英烈籍贯

江苏	安徽	湖南	湖北	浙江	四川	山东	贵州	陕西	云南	福建
52	24	16	13	11	10	9	6	5	5	4

广东	广西	河北	江西	河南	辽宁	山西	上海	吉林	天津	甘肃
4	4	3	3	2	2	2	1	1	1	1

表 3-6 部分雨花英烈地域分布表

姓 名	地 区
邓中夏	湖南宜章
恽代英	湖北武昌
施滉	云南洱源
陈原道	安徽巢县
谭寿林	广西贵县
冷少农	贵州瓮安
张炽	云南路南
侯绍裘	江苏松江
谢文锦	浙江永嘉
张应春	江苏吴江
朱建国	江苏睢宁
金佛庄	浙江东阳
许包野	广东澄海
杨振铎	山西芮城
朱杏南	江苏江阴
陈景星	辽宁海城
曹顺标	浙江萧山
高文华	江苏无锡
罗登贤	广东南海
周执中	四川内江
吕惠生	安徽无为
徐楚光	湖北浠水
黄励	湖南益阳

续表

姓　名	地　区
汪裕先	上海南汇
孙津川	安徽寿县
李耘生	山东广饶
顾　衡	江苏无锡
王崇典	安徽涡阳
袁咨桐	贵州赤水
蓝文胜	湖北广济
高　波	陕西米脂
刘亚生	河北河间
朱克靖	湖南醴陵
谢士炎	湖南衡山
任天石	江苏常熟
何宝珍	湖南道县
毛福轩	湖南湘潭
陈理真	安徽萧县
郭纲琳	江苏句容
史砚芬	江苏宜兴
贺瑞麟	江苏徐州
石　俊	江苏如皋
胡秉铎	贵州榕江
周不论	湖南醴陵
赵良璋	江苏六合
卢志英	山东昌邑
陈子涛	广西玉林

二、天南地北　铸就精神

　　来自全国各地的革命者心中树立的是革命理想、共产主义信仰，他们中有中国最早的一批马克思主义者，他们不断学习和传播马克思主义并先后走上无产阶级革命道路成为马克思主义者，他们是中国工人运动的先驱者,是工人运动的最早组织者、领导者,他们的革命活动遍布全国各地,在天南地北书写着属于他们的英勇事迹。

邓中夏作为中国共产党创建时期的重要领导人,1921 年领导北方工人运动,1922 年在长辛店领导铁路工人大罢工、开滦五矿大罢工,1923 年发动了京汉铁路大罢工,1925 年发动了时间最长、规模最大、影响最深远的省港大罢工,可以说革命足迹遍布全国。

湖北地区,恽代英 1920 年在武昌成立利群书社,致力于介绍新文化、新思想,后在湖北黄冈召集进步青年成立具有共产主义性质的革命团体共存社,他始终以共产党员的身份冲在民族独立的最前线。北京地区,面对黑暗社会,施滉等人成立了秘密社团"超桃",并在《清华周刊》上发表系列文章,关注中国社会问题。

安徽地区,1919 年秋,陈原道奔走呼号,成立了芜湖各界联合会,推定芜湖反帝爱国运动发展到新的阶段,此后也一直站在芜湖的反帝反封建斗争的前列。广西地区,1925 年,中共梧州地委成立,谭寿林任书记,他用报纸大力宣传革命思想,传播马克思主义,还积极领导公运、农运、商运、妇运等群众运动,并以梧州为核心建立发展了南宁、柳州、桂平、玉林等党组织,使广西境内燃烧起革命的熊熊烈焰。

广州地区,冷少农辞别妻儿,离开家乡,在国民政府训练总监部任职,由于冷少农就职于国民政府军政核心部门,又深得何应钦赏识,使广州成为党获取情报的重要基地。江苏地区,侯绍裘在松江接办了景贤女校,改名为景贤女子中学,以培养学生"健全人格""完备的知识",促进妇女解放和社会改造为宗旨,将江苏打造成为革命的坚实阵地。

福建地区,1932 年许包野被任命为中共厦门中心市委书记,他改组了惠安、泉州、漳州等地的党的领导机构,在短时间内使党的组织得到巩固和发展。在闽南农村,他发动农民组织农民委员会、农民协会,扩大游击区,他还十分重视厦门地区的宣传工作,亲自领导厦门文化协会,大大提高了厦门地区党员的马列主义理论水平。

当然,还有许多雨花英烈分别在不同的地区为了革命斗争贡献了自己的青春和生命,他们每一个人的足迹都不仅停留在一个地区,但不论来自哪个省份、哪个城市,这些革命战士都为了革命胜利、人民解放、建立新中国的共同目标、共同追求将年轻的生命定格在了雨花台。他们从未动摇过对马克思主义的坚定信仰,从未动摇过对党和人民事业必胜的信念,他们为之战斗不息,献出生命,只为迎接革命胜利、民族解放的那一天。

个人生活理想可以有不同,每个人的梦想追求也可以有不同,但只要有热爱祖国的心,就应该把个人理想融入到国家民族事业之中,来自全国各地的雨花英烈正是在这种家国情怀、理想信念的指引下熔铸了雨花精神。人无精神则不立,国无精神则不强。一批又一批的革命战士为了追求民族独立和人民解放,不惜流血牺牲,靠的就是共产主义的信仰,为的就是民族复兴的理想。如今,雨花英烈为之奋斗的民族独立与人民解放的理想已经变成现实,现在我们正朝着全面建成小康社会、建成社会主义现代化国家的"两个一百年"奋斗目标前进,"两高一大"的雨花英烈精神如今便成了热爱人民的真挚情怀,成了一股强大力量,进而成为实现中华民族伟大复兴的中国梦乃至共产主义梦想而奋斗的精神财富,指引人们一步一步为实现"两个一百年"奋斗目标、实现中华民族伟大复兴的中国梦真抓实干、攻坚克难、不懈努力。

第 四 章

雨花英烈崇高的理想信念

　　习近平总书记指出,雨花台烈士的事迹展示了中国共产党人的崇高理想信念、高尚道德情操、为民牺牲的大无畏精神。这些精神是激励人民不断前进的强大精神力量。当前,党内存在少数党员干部理想信念缺失、精神空虚、道德颓废的现象,有必要对其进行精神上的"补钙"。雨花英烈精神作为中国革命精神的重要组成部分,应该成为全党上下和全国人民的精神动力和精神支撑。雨花英烈崇高理想信念,在对马克思主义的接受中坚定、传播中坚守、发展中升华。

第一节　在接受中坚定理想信念

一、迷茫中选择马克思主义

(一)"立品救国"到"革命救国"

　　五四运动以前,恽代英以互助论为理论依据,抱着"人心革命"的思想,希望通过培养善势力、扩大善势力、改造国民性,即通过上层建筑的革命达到改造社会的目的。五四运动后马克思主义广泛传入中国,马克思主义的唯物史观对他也产生了巨大影响,为他提供了先进的世界观和方法论,更为他思想转变提供了精神食粮。对于恽代英思想转变影响最为重要的人物就是陈独秀和李大钊。

　　1920 年 2 月,陈独秀应邀到武汉作主题为《社会改造的方法与信仰》《知识教育与情感教育问题》《新教育的精神》等学术演讲,对武汉的青年学生产生了重要影响,他还会晤了恽代英,对恽代英的思想产生了很大的触动。恽代英在曾琦的推荐下于 1920 年初到北京参加少年中国学会总会的会议,被委托专任《少年中国学会丛书》编译工作。同年 7 月 21 日,少年中国学会常会召开。在少年中国学会的第二届评议员选举中,恽代英以 23 票与李大钊、杨贤江、左舜生、余家菊等 7 人当选为第二届评议员。在此期间,李大钊曾与恽代英多次接触,对恽代英也产生了极大的影响。正如他给少年中国学会负责人王光祈的信中所言,"我很喜欢看见《新青年》《新潮》,因为它们是传播自由、平等、博爱、互助、劳动的福音的"。1920 年秋,恽代英受陈独秀委托,翻译考茨基的《阶级争斗》一书,此书正确阐述了马克思的阶级斗争学说,对毛泽东、周恩来、董必武、彭德怀等老一辈革命家的早期革命思想都有过重大影响。同样,《阶级争斗》这本书对恽代英的思想转变也产生了重要影响,此书的翻译对恽代英政治思想的提高起到重大作用。他开始明确:要改造中国必须进行经济斗争,从根本上改变社会制度。这阶段恽代英开始信仰马克思主义,但并没有完成世界观的根本转变,思想上还呈现复杂的状况。虽然赞成暴力革命,但他总希望避免"流血"的斗争。

(二)朴素爱国主义到马克思主义

　　五四运动以前,邓中夏就怀有朴素的爱国情怀,他关心国家命运、民族前途,憎恨帝国主义的侵略,对封建腐朽的顽固势力阻碍社会进步的行为更是深恶痛绝,渴望救民于水火之中。

　　邓中夏最初受到老师杨昌济的影响,在杨昌济先生的启发教育以及毛泽东、蔡和森的熏陶下,邓中夏的爱国主义思想越来越强烈,民主主义的观点也越来越浓烈。杨昌济先生经常以爱国和进步的道德思想教育学生,鼓励学生立志救国、改造社会,引导他们做对国家和民族有益的人,为社会建功立业。他时常鼓励学生应志向远大,要有牺牲献身的精神,要不断提升自身的修养,认识到自身的不足,完善自身,要不畏艰难险阻,在逆境中依然能做到勇往直前。如果说杨昌济先生是邓中夏开始探索救国道路的启发人,那么李大钊就是邓中夏走向马克思主义革命道路的指引人。

纵观邓中夏在 1917—1920 年这段时间中的革命实践历程,几乎在每一个
重大事件的后面都可看到李大钊的身影,都离不开李大钊的支持、帮助。
在李大钊的影响下,他成为北大学生中最早的马克思主义者之一。1918
年春开始,邓中夏先后参与学生救国会、创办了《国民》杂志,参加五四运
动及后来加入北大马克思主义研究会的一系列活动都与李大钊的引导密
不可分。邓中夏在这些活动中,开拓了革命视野,激发了革命斗志,加深
了对马克思列宁主义理论的理解,提升了马克思主义理论知识。1920 年
3 月,邓中夏参与了李大钊在北大秘密组织的马克思主义学说研究会。
在研究会期间,邓中夏定期参加讨论会、报告会和组织会,积极对马克思
主义进行深入、系统、细致的学习和研究。此时邓中夏研究马克思主义的
目的性非常明确,就是为了实践救国的理想,用这个武器来解放中国劳苦
大众。为了把青年知识分子引导到与工人、农民相结合的道路上去,邓中
夏提议平民教育演讲团除了到城市以外,要把演讲对象从城市贫民和小
资产阶级扩展到广大工农大众中,演讲的内容也主要以反日爱国、民主自
治、破除迷信、反对封建家族制度、普及科学知识及提倡文化学习等为主。
当年的 5 月 1 日,邓中夏在长辛店举办了纪念"五一"国际劳动节的游行
示威活动,充分表现了革命知识分子试图从工人中寻找社会力量的思想
与愿望。1920 年 10 月,邓中夏协助李大钊筹建了北京共产主义小组,至
此,邓中夏开始正式走上了职业革命家的道路。不久,邓中夏再次到湖南
传播马克思主义,写出了"问将为何世? 共产均贫富。惨淡经营之,我行
适我素"的诗句。他也公开宣传对中国社会要进行总的改造,废除私有
制,实现共产主义。这些都表明了邓中夏马克思主义理论水平和共产主
义思想的逐步成熟。

二、革命历程中确立马克思主义信仰

早期的先进分子在传播马克思主义的过程中,经过一些实践活动,加
深了对马克思主义思想的认识,逐渐成为马克思主义坚定的信奉者。其
中陆续接受马克思主义的雨花英烈主要分为两大部分:一是救亡运动中
成熟起来的;二是国民党队伍中弃暗投明的。

（一）救亡运动中成熟起来

在抗日救亡运动中,爱国人士不断探索救国救民的道路。他们积极组织抗日救国运动,在这个过程中,逐渐认识到只有马克思主义才能救中国,只有中国共产党才能带领中国人民走向光明。

1927 年 4 月,蒋介石背叛革命,白色恐怖笼罩全国,句容县立中学的政治空气紧张,郭纲琳处于苦闷之中。这时,国文教师李少仙跟郭纲琳等进步同学讲革命的道理,讲李大钊的革命活动,介绍俄国的革命情况,才使郭纲琳重新振奋起来。1929 年春,郭纲琳考入上海中国公学预科(高中部),1931 年秋进入大学部。其间,郭纲琳目睹这个极不公道的社会,她常与进步同学在一起发泄对社会的不满,抨击国民党的腐败。她加入了中国左翼文学研究会,读了大量苏联的革命小说,如《母亲》《毁灭》《士敏土》等,深为书中无产阶级革命家的形象所打动。1931 年震惊中外的九一八事变发生,日本帝国主义侵占了中国东北三省。当时还只是大学一年级学生的郭纲琳,斗争积极勇敢。为了尽快组织中国公学的抗日救国会,郭纲琳带头冲进校长室,当面质问反动的副校长潘公展:为什么不抗日? 为什么不让学生成立抗日救国会? 她又毅然猛敲校钟,集合同学召开大会并登台演讲,痛斥反动政府将祖国锦绣河山奉送日本侵略者的罪行,号召同学们不要当亡国奴,要坚决抗日,收回失地。郭纲琳铿锵有力的演说,振动了在场人们的心弦,激起他们的爱国热忱。1931 年 10 月,郭纲琳加入共产主义青年团,并于同年底转为正式党员。

（二）国民党队伍中弃暗投明

在抗战期间,许多国民党内部积极抗日的爱国人士,看到了国民党内部的腐败、争权夺利,看清了国民党积极准备内战、消极准备抗日的现实,逐渐认识到蒋家王朝无法带领中国革命走向胜利。与此同时,共产党领导的民主运动迅速高涨,人民战争逐渐显示威力,他们作出了抉择,弃暗投明,跟着共产党走。

谢士炎出身一个国民党陆军将官门第,家中多人在国民党任高级将官。伯父谢绍安,中央陆军大学毕业,曾任国民革命军总司令部中将参谋长;父亲谢绍先,曾在湖北陆军任军需等职。1927 年,17 岁的谢士炎随伯父来到南京,先考入国民党工程兵学校,之后又入陆军大学第十四期深造。七七事变时,谢士炎出任第三战区第十六师的步兵团长,在浙江衢州仅率一个团的兵力与日本一个旅团激战几个昼夜,歼敌 2000 余名,并击毙了日军一个旅团长。他勇敢善战,深得第三战区司令长官顾祝同的赏识,被顾祝同誉为"壮年有为,能文善武"的一员战将。1944 年,谢士炎出任第六战区长官部参谋处副处长,后又升任参谋处处长。1945 年 8 月,日本战败投降后,奉命新任武汉前进指挥所办事处主任,负责接收日伪部队,参与芷江受降工作。当时,武汉的国民党先遣部队指战员到机场迎接。他在机场发表书面讲话,中外各报均以显著位置报道了这一重要消息,颂扬他为"风华正茂,文武双全"的风云人物。

谢士炎虽受到国民党的重用,但他对国民党当局的腐败统治日益不满,对在各地掀起的大规模的内战尤为愤慨。抗战胜利后,蒋介石表面上与中共和谈,暗地里却在积极准备内战。同时,在各地负责接收的国民党要员,大多贪污腐化,抢夺民财,乘接收之机大肆贪污。谢士炎对这种腐败行为十分愤怒,与贪污的军统特务进行斗争,严加抵制他们的腐败行为,因此得罪了一大批特务,反被诬告为"发接收大财",关进了军事监狱。入狱的经历给谢士炎的思想带来大震动,他深刻意识到国民党内部的争权夺利、贪污腐败最终会使蒋家王朝走向穷途末路。而共产党领导的民主运动,人民革命战争逐渐显示威力;他做出了自己的选择,弃暗投明。在好友、中共地下党员第十一战区外事处副处长陈融生的帮助下,谢士炎阅读了许多进步书籍。《大众哲学》《新民主主义论》《论持久战》等让谢士炎豁然开朗。他非常钦佩和赞同中国共产党的思想理论和政治主张,决心站在人民革命一边,为民族独立和解放贡献。1946 年 9 月,谢士炎参与拟订国民党军进攻张家口的作战计划。他将作战计划通过陈融生交到北平军事调处执行部中共代表叶剑英手中,有力地戳穿了国民党当局假谈判、真备战的阴谋。自此,谢士炎被中共地下党吸收为秘密情报员,他多次向中共组织和解放军提供重要情报,为解放战争的胜利作出了重要贡献。

1947 年 2 月,中共地下党组织批准谢士炎入党,叶剑英亲自做他的入党介绍人。他在入党志愿书中表示:"为无产阶级革命,尽终生之努力。"1947 年春末,国民党第十一战区长官部由北平迁到保定,改为"保定绥靖公署",谢士炎任公署军务处长,继续参加孙连仲的智囊团——设计委员会的工作。这一期间,他向党组织提供了一系列极为重要的军事情报。特别是保定绥靖公署的军事部署,国民党特务组织在各地的情况及一些军事会议内容等,他都能完整而及时地送到中国人民解放军总部,为华北、华东的解放作出了贡献。谢士炎对抓捕他的特务谷正文说:"我在国民党部队很多年,经历过很多阶层,所以我有资格批评它没有前途。至于共产党,我至少欣赏它的活力、热情、组织与建设新中国的理想。因此,我选择我欣赏的党。"两个月的审讯,当局威逼利诱,甚至声称只要他宣布脱离共产党,就可官复原职,也丝毫没有动摇谢士炎的信念。

第二节　在传播中坚守理想信念

一、白色恐怖下坚守理想信念

1927年四一二反革命政变后,中国共产党于上海创建中共江苏省委,开启了白色恐怖环境下中国共产党在江苏境内领导革命的新征程。

(一)以组织为依托

列宁曾指出:在资本主义社会,无产阶级要战胜在经济、政治、文化上都占统治地位的资产阶级,"除了组织而外,没有别的武器"①。在中国半殖民地半封建社会下,要反对强大的敌人,工人阶级政党必须组织起来,形成强有力的组织。

1927年以后,国民党的反动屠杀政策使得中国共产党在白区的地下党组织多次遭到严重破坏,恢复和发展党组织成为白区地下党员的重要任务。十年内战期间,南京地方党组织的发展异常艰难。从1927年4月到1934年12月,中共南京组织一共经历了两次较为严重的"左"倾错误影响,遭遇八次破坏、八次重建。谢文锦、黄国材、孙津川、黄瑞生、王文彬、李济平、李耘生、顾衡等人先后担任南京地方党组织的领导职务,很多人在负责党组织工作时被捕牺牲。1933年6月,党组织派顾衡到南京担

---

① 《列宁选集》第1卷,人民出版社1972年版,第510页。

任中共南京市特别支部书记。此前中共南京地方组织遭遇了第七次破坏,特别支部只剩八九名党员。为了尽快恢复南京党组织,顾衡进行了艰苦卓绝的工作:他经常穿着破旧的工人装,跛着腿(在太和指挥均粮斗争时受过伤),背着以摆书摊做掩护时的书架,往来于南京浦口、下关、城区等地。尽管行动十分不便,但他仍然坚持深入基层,日夜奔忙,终因叛徒泄密被捕。顾衡一生对党忠诚、尽职尽责,为党和人民奉献了宝贵的生命。

(二)拓展传播渠道

中国共产党在白区开展地下斗争离不开正确理论的指导,白区群众的革命实践需要党的理论宣传。1929年下半年,中共江苏省委根据中共中央关于成立一个统一的文化界组织的指示精神,在上海组成文化工作委员会(简称"文委")。1930年10月,左翼团体联合成立了"中国左翼文化总同盟"。潘汉年为书记,领导革命文化运动,其任务是介绍马克思主义,研究宣传无产阶级文学。除了成立文化界组织,中国共产党在南京及周边地区进行了卓有成效的思想宣传活动。这些宣传活动形式多样,主要包括:讲演、工人运动讲习;发放宣传稿,粘贴宣传画、宣传标语;办报纸杂志等。这些宣传活动对于革命实践具有重要的现实意义:一方面,宣传了马克思主义理论,动摇了国民党反动派在白区统治的思想基础,促进了群众的进一步觉醒;另一方面,共产党的思想主张被更多的群众所接受和拥护,转化为更加广泛的群众革命实践。

1928年下半年,李得钊(浙江永嘉人,1905—1936)在《红旗》报社担任编辑期间,他在《红旗》《列宁青年》等报刊上发表了许多文章,传播了马克思主义先进理论,并分析中国革命形势,宣传革命道理,使广大党员的共产主义理想信念更加坚定,在当时革命青年中产生了极大影响。曾任中国左翼文化界总同盟书记的陈处泰,为党的宣传和理论斗争同样作出了重要贡献。陈处泰在上海法政学院就读期间,他经常到工人群众中去宣传马克思主义,并组织暨南大学等高校的读书会,指导大学生学习《资本论》《辩证唯物论》等革命著作,并开办书社,出版进步书刊,进行理论宣传。这一部分革命者将马克思主义作为他们最先进的思想武器,在白色恐怖笼罩的城市地区,深入群众,进行了卓有成效的理论宣传工作。

雨花英烈在白区的理论宣传工作,使马克思理论被更多人了解并接受,共产主义也成为地下党和革命群众开展地下斗争的精神动力和精神支撑。

(三)应用于革命实践

理论联系实际法是通过对理论的学习、理解和掌握,组织、引导人们积极参加各种实践活动,不断提高思想觉悟和认识能力的方法。其实质是在改造客观世界的同时达到改造主观世界的目的。人民群众是实践的主体,是历史的创造者。只有敢于和善于发动人民群众,革命才能取得成功。

在南京及周边地区,地下党在党中央的正确领导下,先后开展了多种形式的群众运动,包含工人运动、学生运动、商人运动、妇女运动等;此外还有周边农村的农民运动。1926年10月到1927年3月的上海工人三次武装起义,谢文锦、侯绍裘、孙津川都是重要的组织者和领导者。在反帝罢工和示威游行活动中,他们革命热情高涨,到处宣传演说,领导组织工人游行示威,完全把个人生死置之度外,反映出雨花英烈不怕牺牲、甘于奉献的高尚品格。1927年3月,在任国民党江苏省妇女部部长的张应春,积极组织妇女运动同国民党右派坚决斗争。她冒着生命危险,日夜奔走,四处演讲,揭露军阀的反动行径,是反抗反动军阀队伍的急先锋。她在《吴江妇女》上发表文章称:"革命的事业没有流血是不会成功的。……我亲爱的女同胞,大家起来奋斗吧!我们誓死要从红色的血泊里边,找到光明的道路,建设起光华灿烂的社会来。"充分体现了雨花英烈坚定的理想信念和大无畏的牺牲精神。

公开的武装斗争是雨花英烈参加的重要斗争实践,是雨花英烈精神展示的舞台之一。不少雨花英烈生前都参加、领导过公开的武装斗争。中共第一位军人党员金佛庄,也是牺牲时间较早的雨花英烈,他曾经参加平定广州"商团"和滇、桂军阀杨希闵、刘震寰叛乱及讨伐广东军阀陈炯明部队的两次东征。为减少北伐伤亡,金佛庄主动请求回浙江、上海等地做策反工作。在准备乘船顺流东下时不幸被捕,最终被孙传芳秘密杀害于雨花台。金佛庄戎马一生,1922年就加入中国共产党,为了共产主义的理想信念、为了挽救民族危亡,他在中国各地参加过革命活动,过早地为党和人民的事业奉献了生命。像金佛庄一样,在多地参加公开武装斗争的雨花英烈还有项英、袁国平、周子昆、邓振询等人,他们用革命的一生诠释了伟大的雨花英烈精神。

二、监狱斗争中坚守理想信念

监狱是雨花英烈生前停留的最后处所,在这里常常面临生与死的抉择,以及忠诚与背叛的考量。监狱不仅是雨花英烈的受难地,更是他们继续斗争的第二战场。狱中斗争是雨花英烈斗争的重要组成部分,是对党的白区斗争具有重要影响的斗争实践。能否坚持狱中斗争,直接关系到党的革命事业的成败。坚持狱中斗争,是共产党人保持革命操守的必然选择。地下党员被捕入狱后,除了遭遇敌人的严刑拷打、威逼利诱之外,还有随时牺牲的危险。一个中国共产党人的信念坚不坚定、立场坚不坚定、意志坚不坚定,狱中表现就是最有力的证明。被捕入狱后,能够始终保守党的秘密、忠诚于党才能称为一名合格的共产党员。只有坚持斗争,才能坚守共产主义信仰,才能经得起党和人民的考验。

(一)狱中学习

在监狱艰苦的环境中,雨花英烈们仍然未放弃过斗争,坚持理论学习与狱中改造,不仅坚定了难友的革命信念,更劝服了一些人加入党的队伍,成为坚实的革命力量。

狱中党员非常注重理论学习和思想改造,即使在狱中都不曾放弃过。中央军人监狱教务所下设有两个教诲室,其职责是对犯人进行政治教育、思想感化。政治犯则充分利用这个聚会的机会,秘密传递革命书刊,交流学习体会,议论政治形势。在南京宪兵司令部看守所女牢中,曾为江苏省委组织部部长的黄励,被安排在"优待室",不想本来用以"感化"黄励的"优待"为她开展狱中宣传提供便利,她给难友们讲故事,帮助体弱的难友。她还与陈赓、罗登贤、夏之栩等人在狱中开展策反工作,寻找合适的对象进行策反,帮助他们弃暗投明。通过政治宣传、感化,他们成功争取到看守所的张良诚。张良诚经常为看守所的难友传递信件、纸条,在张良诚的帮助下,黄励顺利把用时几个晚上写的一封详细介绍狱中叛徒情况的信转交给党组织,避免革命事业遭受更大损失。杨振铎利用狱方要求政治犯接受"三民主义思想教育"并逼迫谈学习心得之机,勇敢地上台讲述《中国土地问题》,用马克思主义的观点阐明土地问题是中国革命的根本问题,土地应归大多数农民所有,鼓励难友们明确革命方向,使狱友们在狱中获得了宝贵的学习机会。尽管处境危险,杨振铎始终斗志昂扬,毫不掩饰自己的革命立场,表现出共产党人宁死不屈的革命气节。陈原道在狱中也经常为难友讲马克思主义。马宾后来回忆说,在狱中他和陈原道同盖一床被子,陈原道给他"讲资本主义,讲剩余价值,讲剥削,讲阶级斗争。他在被窝里对我说,这就是马克思主义"。马宾出狱后,走上了革命道路。他说,自己在监狱的日子"犹如上了一所大学,更有幸的是遇到陈原道这位马克思主义老师,这是我一生中的大幸事"。利用一切机会和条件宣传马克思主义原理是陈原道的一大特点。

(二)组织斗争

狱中党组织的建立是党在狱中凝心聚力的战斗堡垒,是实现狱中斗争统一领导的重要条件。

陈原道被捕后,认识到了将狱中的革命力量充分结合的重要意义。在被捕入狱后,他积极联系一些信仰坚定的共产党员,组织了狱中党支部,通过组建狱中党支部将狱中党团员紧密地团结在党支部周围,形成一个坚强的战斗集体。在反对敌人的"反省政策"、改善狱中生活条件方面,陈原道和狱中难友们取得了积极的成果。狱中支部还组织大家进行政治学习,狱中党支部专门成立了学习委员会,陈原道学习自己翻译的一些进步的外文书刊,把监狱变成共产党人的"共产主义大学"。为了出狱的目标,他们提出了"红旗出狱"的口号;为了改善监狱伙食待遇、改善生活条件、争取政治犯的权利、支援狱友等具体目标,狱中有多次绝食斗争,其中郭纲琳就组织并领导过两次绝食斗争,最为著名的是支持牛兰夫妇的绝食斗争。牛兰是共产国际联络部在上海秘密交通站的负责人,美帝国授意国民党在上海将他们逮捕,并且押送到南京监狱。为了支持牛兰夫妇,南京模范监狱宣布集体绝食两周,绝食期间敌人送来米饭、红烧肉以动摇意志,同志们十分虚弱甚至站立不稳,但是都未妥协。郭纲琳高呼:"不答应条件,就绝不复食,要枪毙就一起枪毙吧!"以此鼓舞同志士气。在绝食七天后,国民党被迫答应条件,送牛兰夫妇去医院进行治疗。

（三）坚守气节

监狱中的雨花英烈，面对敌人严刑拷打或者利益诱惑，丝毫没有妥协。他们坚定的理想信念，高尚的革命气节深深地感染了身边的狱友们。

恽代英在狱中用他坚定的精神战胜了敌人的阴谋，他始终坚持共产党员坚贞不屈的品格，写下了"浪迹江湖忆旧游，故人生死各千秋。已摒忧患寻常事，留得豪情做楚囚。"这充分表现了一个共产党员对革命前途的坚定信念和视死如归的牺牲精神。狱友谢云巢在《与恽代英同在狱中的时候》中写道："代英同志态度镇定，充分表现其坚毅性。在黑暗的牢狱里，继续进行革命思想的宣传；终日谆谆解说，娓娓不倦，全体难友，莫不视同严师益友。"在中央军人监狱期间，有一个刚来的大学生被敌人打得伤痕累累，忍受不了残酷暴刑，想要一死了之。恽代英知道后，一面轻轻地为他擦拭伤口，一面耐心地给他讲革命道理，鼓励他要有坚定的理想信念，要对革命胜利充满信心。结果这个学生很受鼓舞，不再悲观失望，流着泪说："我活一天就要和敌人斗争一天，绝不屈服于敌人的暴行……"由于叛徒指认，恽代英坦然承认了自己的身份，但不管敌人怎样威逼利诱，他都绝不屈服。临刑前，他还高唱《国际歌》，满怀着对共产主义事业必胜的信念而慷慨就义。

孙津川被捕之后，党组织还有他的战友准备营救他，但是他从容面对死亡，通过母亲转告给他们，切不可为了救他给革命带来损失。面对国民党多次提审，他镇定自若，从容应对，没有暴露自己的身份，没有泄露半点党的机密。当叛徒对他劝降时，他毫不畏惧地说："我既投了红旗，绝不投白旗。"在其母亲探监时，他目光坚定地说："妈，古人云，忠孝不能两全，就算是我死了，弟弟还在你跟前，你老人家是能理解我的……"孙母看着儿子无比坚定的眼神，心里便明白了，儿子已做好牺牲的准备了。1928年10月6日，年仅33岁的孙津川在雨花台就义。孙津川在狱中受尽了折磨，但是革命意志岿然如山。狱友窦止敬在回忆中说："孙津川从被捕到就义，一直态度镇定，就义的时候从容不迫。刚出看守所大门，约莫走到司令部广场上，我们就听见他唱《国际歌》，高呼共产党万岁。"

张学堂被捕后关押在国民党首都卫戍司令部，特务想要从他嘴里得到更多情报，对其施尽酷刑。他们用麻布披在张学堂身上，打得鲜血淋漓后,再将麻布撕下。张学堂上身皮开肉绽,骨头都露出来了,但他始终没有屈服。地下党被捕后,都难以避免"老虎凳""火烙""绞头""电椅"等酷刑,但他们从不会被这些残酷的手段吓倒。面对敌人的严刑拷打,他们高喊:"你们打断我的筋骨,但永远打不垮共产党人的钢铁意志","不要在敌人面前流泪,他们总有灭亡的一天"。

(四)心向光明

马克思主义者拥有革命的乐观主义精神,这种乐观主义是高度的革命性和科学性的结合体,不是盲目的自信、乐观,这种自信和乐观是建立在对历史规律把握的基础上的。在这种艰难的条件下,革命者如果对未来没有信心,那么革命者本人在思想上可能会陷入一种迷茫的状态,这种状态会动摇革命者本人所坚持的信仰,一个伟大的革命者,需要保持革命的乐观主义心态。

邓中夏在监狱的墙壁上写下 10 个大字:"但看十年后,红花遍地开。"又给中央留下一封信:"同志们,我要到雨花台去了,你们继续奋斗吧! 最后胜利终究是属于我们的!"

胜利
——邓中夏

那有斩不除的荆棘?
那有打不死的豺虎?
那有推不翻的山岳?
你只须奋斗着!
猛勇的奋斗着:持续着!
永远的持续着。
胜利就是你的了!
胜利就是你的了!①

---

① 雨花台烈士陵园管理局编:《雨花英烈诗词》,南京出版社 2017 年版,第 77 页。

邓中夏为了激励狱中难友积极向上,经常诵读此诗,表达对于革命美好未来的期盼。

黄励在狱中给难友们讲故事,教大家唱《国际歌》,把苏联的海员歌翻译成中文来唱,鼓舞大家斗志。1933 年被押至雨花台行刑时,黄励还对宪兵做了最后的宣传:"你们都是穷苦人,国民党杀害共产党人,就是不让中国的穷苦人翻身。你们杀了很多共产党、革命党,能杀得完吗?越杀革命者越多……"①黄励这种从容乐观的精神,深深感染了身边的狱友。

第三节 在发展中升华理想信念

雨花英烈通过将理论与实际相结合,在接受和传播马克思主义的过程中,也在一定程度上注意到要运用马克思主义的立场观点和方法来解决中国革命建设所遇到的实际问题,因此也在推动马克思主义中国化的历史进程。从接受、传播到发展,马克思主义因此更加切实地作为理想信念,生根发芽。

一、从"走俄国人的路"开始

俄国的十月革命之后,伴随着马克思主义传入中国,先进的知识分子开始有了利用马克思主义解决中国革命建设的具体实际问题的意识,这便有了将马克思主义理论与中国具体实际相结合的初步探索。虽然早期的马克思主义者并没有提出过马克思主义"中国化"的概念,却逐渐有了利用马克思主义探索解决中国问题的实践。他们在与中国实际相结合的实践过程中进一步升华了马克思主义理论,也加深了对于马克思主义的认同。雨花英烈中一些先进分子在接受马克思主义后,成为早期马克思主义者,在传播马克思主义的过程中,对于中国现实状况的认识更加清晰,在当时的具体实践过程中试图将马克思主义与中国实际相结合,从而促进了马克思主义中国化进程。

---

① 曹劲松主编:《信仰的力量——雨花先烈事迹选编》,南京出版社 2015 年版,第 42 页。

　　谢文锦在五四运动爆发之后,开始投身于现实的革命斗争潮流之中,在斗争中思考中国的进路。在《新青年》任职期间,他受到新文化、新思想的影响,逐渐明确了中国的希望在哪里,就是"走俄国人的路"。1921年,谢文锦来到莫斯科系统地学习科学社会主义、辩证唯物主义、俄语,还有一些马列名著。在学习的过程中谢文锦进一步坚定了马克思主义的信仰,在1922年正式加入中国共产党。回到中国后,他专注于钻研马克思主义,并且大力传播革命思想。1925年他在《新青年》上发表了《列宁与农民》一文,对党从理论上认识农民在革命中的重要地位,推进工农联盟,起了积极的理论引导作用。谢文锦还翻译了俄文歌曲《光明赞》鼓舞革命者们。

　　　　同志们,
　　　　向太阳,向自由,
　　　　向着光明走!
　　　　同志们!
　　　　黑暗已消灭,
　　　　曙光在前头。①

　　雨花英烈中的陈子涛和骆何民参与了《文萃》周刊的编辑工作,他们以笔做枪,传播信仰。《文萃》主要是沟通内地和收复区的信息,传达各方人士对中国和国事的意见,同时刊出一些诗歌、漫画等文艺作品。主编陈子涛是一名共产党员,在共产党的领导下战斗在新闻战线上,从第三期起,《文萃》封面就印有"抗笔尖兵"的标志。第六期以《论纸老虎》,介绍了毛泽东的"论纸老虎"的谈话。

　　朱务平创办了长淮特委机关报——《红旗报》,向长淮地区的人们宣传俄国十月革命以及马克思主义,并宣传马克思主义的路线方针,鼓励他们积极参与斗争,反对国民党的反动统治。同时,朱务平还经常在《红旗

---

　　① 上海市新四军历史研究会编:《留住光辉照后人:浙南英烈事迹选编》,上海人民出版社2012年版,第8页。

报》发表文章,宣传正确的价值主张,并亲自参加报纸的编辑与刻印工作。

二、推动马克思主义和中国实际相结合

雨花英烈们在对早期马克思主义中国化进行摸索时,创造性地提出了很多宝贵的论述,这些论述是理论与实际相结合的重要成果,在当时不仅有力地促进了中国革命的发展,推动马克思主义和中国实际结合,也为毛泽东思想的形成作出了一定的贡献。

宣传翻译马克思主义著作,为马克思主义中国化提供理论铺垫。分析中国各阶级现状,是带领中国革命走向成功的重要前提,马克思主义传入中国之后,早期马克思主义者尝试用马克思主义的阶级和阶级斗争理论考察中国的问题,并制定相应的革命方略。恽代英是最早一批运用马克思主义阶级和阶级斗争理论分析中国问题的先进知识分子。恽代英受陈独秀委托,翻译了德国考茨基著的《阶级争斗》一书,并于 1921 年 1 月发表在《新青年》杂志上。这是中国第一部系统介绍阶级分析方法的译著,强调运用阶级分析方法具体分析社会主义运动的各阶级,以及将消除私有制、夺取无产阶级政权作为改造社会的根本方法,相对具体地构建了一个阶级划分的早期模式。这本书对于阶级斗争理论的介绍深刻地影响了早期马克思主义者,为他们思考中国革命提供了新的研究视野。这本书与毛泽东也有渊源。在翻译期间,毛泽东带领群众路过武昌时,恽代英向他介绍了书中有关阶级、阶级矛盾以及阶级斗争的思想,毛泽东很受启发。在《西行漫记》一书中,斯诺曾提到有三本书建立了毛泽东对"马克思主义的信仰"[①],这三本书分别是:陈望道翻译的《共产党宣言》、恽代英翻译的《阶级争斗》以及李季翻译的《社会主义史》。毛泽东在读了《阶级争斗》一书之后,便开始用阶级斗争的方法去分析中国社会的问题,对促进早期的马克思主义中国化产生了重要影响。

大革命时期,恽代英就在多篇文章中对中国的社会性质进行分析。

---

① 　[美]埃德加・斯诺:《西行漫记》,董乐山译,生活・读书・新知三联书店 1979 年版,第 131 页。

恽代英认为半殖民地半封建是中国社会的一个特征。1924 年 6 月,恽代英在《觉悟》上发表《中国民族独立问题》一文,指出:"中国已成了半殖民地的国家了"①。之后,恽代英进一步分析了中国沦为半殖民地的原因。1925 年 9 月,在《向导周报》发表的《辛丑条约对于中国的影响》一文中他指出,《辛丑条约》在中国成为半殖民地过程中产生重大作用,《辛丑条约》使中国成为政治经济上的亡国奴,完全被帝国主义掌握。经济上,中国背负着巨额赔款,为便于额外勒索中国,条约对于"赔款用金"规定含糊,每年都会多出一些其他的负担。同时,中国还丧失了海关权,恽代英称:"海关是一国的经济命脉所赖……中国的海关权完全操在外人手里,自己一些些也做不来主的。"②帝国主义对于中国经济命脉的掌握,使中国 20 余年不敢向帝国主义要求平等的权力。在政治上,中国的主权被严重侵犯。清政府被迫将总理衙门改为外务部,并且居于六部之上,将北京东郊民巷变为使馆界,界内不许中国人居住……各种不平等条约使清政府和北洋军阀成为帝国主义统治中国的工具。在文化上,帝国主义利用基督教对中国进行文化侵略。在《我们为甚么反对基督教?》一文中,恽代英揭露基督教传入中国的侵略本质:"一切基督教徒互相钩结,而又与外国人相钩结,显然成了一种势力,他们霸占教育界,霸占外交界。他们靠外国人升官发财,外国人靠他们夺取中国的权利。"③之后,恽代英发表了一系列论文反对基督教。在《论信仰》和《我的宗教观》中利用唯物主义的观点驳斥了唯心主义,表达了他无神论的观点。此外,在《中国贫乏的真正原因》《列强卵翼下的北京政府》《今日之国耻》《我们要雪的耻岂独是"五九"吗?》《中国民族独立问题》《中国革命与世界革命》等论文中,恽代英分析了中国性质。"现在中国怎样? 租界、租借地、领事裁判权、内河航行权、关税权,以及公使团之威权,都证明中国是个主权不完整的国家,所以说是半殖民地。"④中国在政治、经济、文化上被侵略,中国成为真正的半殖民地,中国最重要的任务是联合其他被殖民国家反抗帝国

① 恽代英:《中国民族独立问题》,《恽代英文集》上卷,人民出版社 1984 年版,第 541 页。
② 恽代英:《中国民族独立问题》,《恽代英文集》上卷,人民出版社 1984 年版,第 541 页。
③ 恽代英:《我们为甚么反对基督教?》,《恽代英文集》上卷,人民出版社 1984 年版,第 395 页。
④ 《恽代英全集》第八卷,人民出版社 2014 年版,第 181 页。

主义压迫,获得民族独立。基于中国半殖民地的封建性质,中国革命最迫切的任务是反对帝国主义侵略,争取民族独立,中国革命的对象就是帝国主义,还有帝国主义在中国的代理者——封建军阀。然而,在恽代英对于中国社会性质的分析中并没有涉及对于中国社会半封建性质的分析,因而分析是相对不够完整的。1926 年蔡和森提出了中国的性质是"半殖民地与半封建社会"①,之后,在党的六大上肯定了中国社会的半殖民地性以及半封建性,自此,对于中国社会性质的认识基本成型,并且得到了党内外的一致认同。

　　雨花英烈是革命实干家,但是他们中的一些人又具备很高的理论素养和水平,提出和印证了马克思主义中国化中的一些重大命题,也因此更加坚定了理想信念,用生命为中国革命奋斗。

---

① 《蔡和森文集》(下),人民出版社 2013 年版,第 795 页。

第 五 章

雨花英烈高尚的道德情操

是否具有高尚的道德情操,是衡量一个共产党员人格品质的重要标准,是共产党员区别于普通群众的重要尺度。共产党人的高尚道德情操是什么呢? 简言之,共产党人的道德情操是共产党人高尚的道德境界最直接的反映,是共产党人在革命实践和社会生活之中培养并形成的一种最深沉、最稳定、最丰富的社会情感。共产党人具备了高尚的道德情操之后,就可以用理智战胜欲望,使正确的认知和情感转化为崇高的理想信念,进而内化为支配与调节其行为的巨大精神力量。

雨花英烈高尚的道德情操批判地继承了中华民族的优良传统,是无产阶级革命者的道德情感与崇高的理想信念、坚定的革命意志等操守的有机结合,集中表现为对党和革命事业的无比忠诚、舍生为民的奉献精神以及对亲朋与同事的诚挚情谊。革命战士不仅要具备崇高的伟大的理想,还一定要有高尚的道德情操。没有高尚的道德情操,再崇高、再伟大的理想也是不能实现的。共产主义这一最崇高、最伟大的理想之所以能够实现,就是因为找到了为实现这一理想而斗争的社会力量——具有高尚道德情操的无产阶级革命战士。

第一节 对党忠诚,矢志不渝

天下至德,莫大乎忠。忠诚是人们心中至德,亦是一种可贵的政治品质。对共产党人而言,对党忠诚是首要的政治品格。每位共产党员在入党时都曾面向党旗庄严承诺,要"对党忠诚,永不叛党"。历经不同历史阶段,入党誓词内容虽几经调整,但"永不叛党"四个字却始终保留。习近平总书记亦指出"一支强大的队伍离不开忠诚的战士,一个伟大的政党离不开忠诚的党员"。忠诚与信仰是共产党人的底色,早已融入共产党的血液,塑造了代代相传的政治品格。雨花台革命烈士对党忠诚集中体现在对信仰的矢志不渝与笃定笃行;严守党的纪律,保守党的秘密,永不叛党的政治本色;对党和人民的事业奋斗终生的慨然担当。

一、用信仰培育忠诚

信仰指对某种主张、主义和价值理想的极度信服和尊崇,在面临行为矛盾和价值冲突时,信仰能起到裁判和抉择作用。对马克思主义的信仰,对社会主义和共产主义的信仰,是共产党人的政治灵魂,是共产党人经受住任何考验的精神支柱。正是对共产主义的坚定信仰使无数革命先烈焕发出了改天换地的巨大能量。对共产党员而言,没有坚定的信仰,就没有对党的忠诚。只有拥有崇高而坚定的信仰,保持内心的纯洁,才能具备为信仰而奋斗的血性,才能为国家奉献一切,为人民牺牲一切。坚定的信仰是雨花英烈的灵魂,信仰让他们自我超越、自我革命,自觉担当起救民于水火和献身民族解放的伟大使命,担当起对民族和人民的责任自觉和情感自觉。

(一)在向善向美中寻得真理

革命者的信仰并非是盲目性的、非真实的,其产生是基于革命者对马克思主义真理的真切认识与自觉实践,将其精神力量自发地、本能地与革命事业相结合,最大限度地激发和凝聚革命者为共产主义事业奋斗不渝的热情与力量。

雨花英烈中的大多数共产党员,是 20 世纪二三十年代入党的。那时,中国革命充满危机,前途未卜,一切均在艰苦卓绝的奋斗之中。正是伟大的信仰使他们选择了从中国具体实际出发,将马克思主义真理与革命实践结合的人生道路。他们当中很多是知识分子出身,没有把读书当作升官发财、飞黄腾达的手段;他们深知,知识是改变国家民族前途命运的源泉,所以选择了充满荆棘的革命道路。

　　许金元,1906 年生于吴王故里、文化名城苏州,幼时失怙,母亲坚强地将他弟妹三人扶养成人。1923 年,许金元以优异的成绩考入杭州钱塘江滨的之江大学。秉性刚直、好学上进的许金元并没有循规蹈矩地做一个优等生。经过五四运动和新文化运动的洗礼,他积极参与各类学生团体的社会活动,目睹中国人民惨遭帝国主义的欺凌掠夺和军阀的残暴统治,他对社会黑暗的憎恨日益增强,开始探索救国救民的真理。不久,许金元便结识了恽代英、侯绍裘等共产党人。在他们的启迪下,许金元的政治觉悟迅速提高。此后,他先后加入了中国国民党和中国社会主义青年团,负责青年学生工作。此后,许金元以青春激情和智慧才学,在革命道路上勇往直前。许金元热衷于倡导革命文学,宣传革命理论。1924 年 5月 4 日,许金元与几位同学发起成立了青年团体悟悟社,创办《悟悟》杂志,并在《中国青年》、上海《民国日报》副刊《觉悟》上发表宣言,提倡革命文学。此后,他撰写发表大量抨击反动势力、宣传反帝反封建的文章,在社会上引起很大反响。如《论非战文学和非战思想》等文章,深刻指出"帝国主义者一天存在,第二次大战的危机,终是一天伏着的"。1927 年4 月 10 日,许金元与侯绍裘等 10 人被捕。在狱中,他不怕威逼利诱,坚持狱中斗争,展现了共产党人的高贵品质与大无畏的革命精神。许金元殉身革命时仅 21 岁,还没有恋爱结婚,他将美好的青春献给了探寻和实践革命真理的伟大事业。

　　张炽,1898 年生于云南滇东高原腹地的路南县。1919 年 3 月,他入读云南省立第一中学。在五四反帝反封建爱国运动爆发以后,张炽号召昆明各地区学校学生组织起来,积极响应支持北京学生的斗争。五四运动后,新思想、新文化在昆明得到进一步传播,张炽潜心研读《新青年》《每周评论》《新潮》等革命进步刊物与书籍,加深了对马克思主义的认识,逐渐将学问与改造社会结合起来,并立志:"若欲做出几件轰轰烈烈之大事,则非入大学求高深学问不可。现在执中国之各机关之要权者,虽尽非大学生,然可断定其大半数为大学生也……男是有志者,是一有大志者,是一欲为社会造幸福者。……我之以后之工作,无论如何均以求学为第二生命。"革命的道路是艰难曲折的。然而,张炽的心中始终燃烧着共产主义信仰之火。他在给妻子胡素冰的信中说:"……我决不灰心、消极! 我相信,十分相信,我的前途仍旧是很光明的! 失败与小挫是我的事业成就的母亲! 只要我们肯努力奋斗,我相信,十分相信,是终有一日会偿了我们的素[夙]愿的。"①即使深陷敌狱,他仍坚持学习马克思主义真理,与敌人作斗争。直至在雨花台就义的前一刻,张炽始终坚信马克思主义真理是中国革命胜利的指明灯。

雨花英烈走上革命道路不是盲从的,而是从目睹旧中国苦难的现实,苦苦思索中国的出路,进而阅读大量革命书籍,尤其是马列主义经典作家的理论著作开始的。他们很多都是有知识有文化的读书人,有的是大学生,还有的是留洋博士,在当时是属于社会最高端的知识精英阶层,这充分证明了坚定的信仰需要理论自觉和科学的理论来武装。尤其是身陷敌人的铁窗炼狱,烈士们恪守对党和人民的忠诚,为革命胜利流尽了最后一滴血,用青春祭奠了心中的宏伟事业。

(二)勇敢捍卫真理

捍卫马克思主义真理是坚定信仰的精神前提,坚定的马克思主义和共产主义信仰奠定了中共党员对党忠诚的基石。正如习近平总书记所指出:"只有对马克思主义信仰坚定了,对中国特色社会主义信念坚定了,对党忠诚才能有牢靠的基础,才能做到'千磨万击还坚劲,任尔东西南北风'"②。雨花台革命烈士用生命诠释了信仰信念的力量,用鲜血印证了共产党人是用"特殊材料"制成的,他们用鲜血和生命,勇敢捍卫马克思主义真理。

淮北是淮海地区的重要区域,也是中国共产党早期在安徽开展革命活动的地区之一,有着光荣的革命传统。1932年牺牲的中共长淮特委书记朱务平,就是淮北地区早期的革命火种传播者、英雄人民的领路人。

朱务平,1898年生于皖北濉溪县临涣古镇西朱小楼村的一个农民家庭。因家境贫寒,他12岁才入读私塾。1917年升入临涣高级小学,开学那天由于他年龄比较大,清秀的脸庞上透露出坚毅之气,十分引人注目。

---

① 雨花台烈士陵园管理局编:《雨花英烈家书》,南京出版社2016年版,第76页。
② 习近平:《办公厅工作要做到"五个坚持"》,《秘书工作》2014年第6期。

朱务平受新任校长陈龙楼的影响和帮助,校长推荐他阅读《新青年》等宣传新思想、新文化的进步书刊,使他的思想得到了初步的启蒙。五四运动唤起了朱务平的爱国民主意识,并在革命斗争中逐渐成长。朱务平由于政治立场坚定,工作表现突出,于1923年加入中国共产党,并担任了党支部的领导干部。朱务平在工作中坚持一切从实际出发,实事求是,敢于追求和坚持真理。1929年11月,在秘密召开的中共江苏省第二次代表大会上,他因赞同何孟雄的观点,反对李立三的"左"倾冒险主义错误主张,被撤销县委书记职务。但他不怕排斥,仍以饱满的热情去基层工作。直至1930年9月,党的六届三中全会结束了李立三的错误领导,他才重新回到县委书记的领导岗位上。后来,朱务平又遭受到王明"左"倾教条主义错误的打击,被停职检查,然而他并没有丝毫动摇,仍然坚持工作,直到恢复原职。

陈仲亭是安徽省秋浦县早期共产党员之一,虽然出生于当地一个富有家庭,但他受到革命进步思想的影响,始终对革命赤胆忠心。陈仲亭家境富有,但他具有同情底层的情怀,而且热爱学习,追求真理。五四运动爆发后,全国各地反帝反封建运动蓬勃发展,陈仲亭受其影响,不甘于沉迷家庭的悠闲生活,竭力离开故乡到外地求学。1925年,陈仲亭考入由共产党人李克农、钱杏邨和进步人士联合创办的进步学校,在这里,他受到新文化和新思想的熏陶,开始对传统旧礼教表示厌恶和憎恨。陈仲亭凭借惊人的毅力饱读革命理论和进步书刊,很快由信仰三民主义转变到信仰共产主义。1929年4月,因叛徒告密,国民党右派伪造证据,陈仲亭被捕入狱。狱中的陈仲亭并未停止斗争。他把监狱当作学校,通过狱外党组织,巧妙地把马克思、恩格斯等著作及其他进步书刊带进狱中,孜孜不倦地加以研读,追寻马克思主义真理。在狱中,他总是站在斗争前列,组织难友进行绝食斗争,并取得胜利。1930年,陈仲亭在狱中加入了中国共产党。

二、用纪律维护忠诚

中国共产党是依靠革命理想与铁的纪律组织起来的马克思列宁主义政党。纪律严明不仅是中国共产党的优良传统和独特优势,也是区别于其他政党的显著标志。尤其是在革命战争年代,纪律在维系党员对党忠诚、增强党的凝聚力与战斗力方面的作用举足轻重,严守党的纪律便成为对每位党员基本的要求,能否遵守党的纪律亦是考验每位党员对党是否忠诚的试金石。毛泽东同志认为,纪律是执行路线的保证;加强纪律性,革命无不胜。陈云也曾多次强调,"纪律是我们的重要武器。维护党的统一,不靠刀枪,要靠纪律"。①

　　进入土地革命战争时期,严格遵守党的组织纪律和秘密工作纪律成为党员"对党忠诚"的基本内容。南京周边的地下党被捕后无论是在面对敌人的威逼利诱,抑或是遭受严刑拷打时,都能够维护住自己的理想信念,保持对党的高度忠诚,严守党的机密,将革命的利益放置在最高处,把党的纪律牢记于心。在遭遇到亲情与革命的两难抉择时,他们毅然选择忠诚于党、忠诚于革命,为民族、为国家、为人民的"大义"而牺牲,永不叛党。

(一)有了理想,还要有纪律才能实现

　　理想信念,是人们渴望美好的未来和追求长远目标的理性认识和价值判断。共产主义信念,就是坚信共产主义的理想、原则,自觉接受马克思主义的指导,并以共产主义为终极奋斗理想并坚信它一定会实现。邓小平同志说:"过去我们党无论怎样弱小,无论遇到什么困难,一直有强大的战斗力,因为我们有马克思主义和共产主义的信念。有了共同的理想,也就有了铁的纪律。无论过去、现在和将来,这都是我们的真正优势。"②在长期革命、建设与改革的实践中,党的纪律逐渐发展和完善,并为实现这个崇高理想提供了坚实保障。同时,崇高的理想信念使得党的纪律发展具有坚实的思想基础与强劲而持久的原动力。在被捕前后,他们始终坚持共产主义理想信念不动摇,即使受尽折磨,被送至雨花台,仍能够对共产主义充满信心,在监狱中坚持革命到底,保守党的秘密。

　　刘亚生生于河北省河间县一家农户,6 岁丧父,与母亲、弟弟在牛棚里生活。虽家境贫寒,但他好学上进,才华出众。1932 年,刘亚生被清

---

　　①　《陈云文选》第一卷,人民出版社 1995 年版,第 196 页。
　　②　《邓小平文选》第三卷,人民出版社 1993 年版,第 144 页。

华、北大同时录取，然而学费无着，只得穿街走巷卖报换钱，最终只换得一张北大历史系的旁听证。在求学期间，他积极参加学生运动，寻找改造社会的途径。1937年七七事变后，刘亚生离开北京大学，奔赴抗日前线太原参加八路军，经历了抗战的炮火硝烟和根据地建设的艰难困苦。1946年8月，他在第359旅随我中原军区突围时，于陕南不幸落入敌手，被关押于国民党西安集中营。翌年9月，敌人又以转交高级战俘的名义，将其押解到南京。面对敌人的百般威逼，刘亚生始终说自己是乡村教师，坚决不泄露党的秘密。但第359旅的杨言钊被捕后经不起敌人的威逼利诱，出卖了刘亚生，使得刘亚生的身份暴露，他还劝刘亚生道："迟说不如早说，免得吃苦。"刘亚生厉声斥责："西安集中营有三才，人才、狗才、奴才。"杨言钊无地自容，黯然逃开。胡宗南得知刘亚生的真实身份后，欣喜若狂，妄图诱降。因此，刘亚生被送入一座高档豪华的小公馆里，单独优待，胡宗南派了一名高参前来，并带来一名女特务，说是专门"招待"刘亚生的。刘亚生一眼识破了敌人的伎俩，毅然对那名高参说："请你给我把她打发走，不然咱们没话可谈。"高参只得答应，并向刘亚生开门见山："今天与老兄无非是想谈谈今后出路的问题。"刘亚生厉声答道："我的出路只有两条，一条是死在你们手上，一条是活着和你们斗争！"高参谄媚道："老兄想到哪里去啦！胡长官还想请老兄任他的少将参议呢。"刘亚生不屑地笑了笑，不再理会。

刘亚生被押回集中营后，敌人见软的不行，便来硬的。吊打、坐老虎凳、电刑，各种酷刑都用上了，刘亚生满身伤痕、伤势严重，却依然坚强不屈。

在为革命献身的最后时刻，他仍对身边难友沉痛说道："我可能看不到咱们盼望的那个世界了……惟一值得自慰的是，我始终保持了共产党这个称号的尊严！但我不能以自己有限的生命，为党做更有价值的贡献却是最遗憾不过的了！"在临刑前，敌人仍不放弃对刘亚生的劝降，"给你最后一点时间考虑，你到底有没有一线转变的可能？"此时，北方正传来解放军的轰鸣炮声，刘亚生心情激荡，斩钉截铁地答道："这炮声，就是我对你们的回答！"直至生命最后一刻，刘亚生始终坚守着共产党员的尊严，保持着对党的绝对忠诚。

（二）没有政治忠诚，纪律就是空谈

忠诚是中华民族优秀品质重要的组成部分，政治忠诚则是一种信仰、一种信念、一种思想和一种行动指南。政治忠诚是党员的政治操守和政治生命，是严守政治纪律和政治规矩的基石。坚定对党的政治忠诚，是对党员、领导干部最首要、最核心、最基本的要求。如果党员干部缺乏对党的绝对政治忠诚与责任意识，其所属政党就难以形成组织的内部团结与凝聚力，进而丧失战斗力。不仅如此，还要做到无论遇到什么风浪考验，都要忠贞不渝、诚信不移、始终如一，不能顺境时忠诚、逆境时变节，不能艰苦时经得住考验、安逸中蜕化变质。

在政治上对党是否忠诚，是衡量一位共产党员政治上清醒不清醒、坚定不坚定的关键尺度，也是评判一位共产党员政治品行高下的核心因素。革命战士在与敌人进行革命斗争时，面对恶劣和危险的环境，仍然坚守共产主义信仰，排除一切困难，坚持完成革命任务。

胡廷俊于1911年生于陕西省绥德县城一户平民家庭，他自幼酷爱读书，深得父亲喜爱。1927年，16岁的胡廷俊加入了中国共产主义青年团，将自己的人生交给了共产主义事业。1927年春，他以优异的成绩考入省立第四师范学校，这里学习氛围浓厚，拥有激进的革命思想，使胡廷俊心情激荡，备受鼓舞，并以高昂的热情投入到火热的国民革命运动中。1928年，胡廷俊正式加入中国共产党。从此，胡廷俊便加入了革命斗争，在历次的革命斗争实践中，积累了丰富的革命经验。

1932年，胡廷俊在中国工农红军陕甘游击队任警卫队政委。在2月17日的阳坡头战斗中，他不幸右腿膝盖负重伤，但仍然指挥战士痛击敌人，一直坚持到最后胜利，才被战友们抬下战场，送至西安治疗。但是由于伤口感染化脓，又缺医少药，院方提出锯掉伤腿的治疗方案，以保全性命。听到这一方案，在场的人无不为他感到惋惜忧虑。躺在病床上的胡廷俊并没有迟疑，坚定地说："革命么，流血牺牲算不了啥！只要还能工作，怎么治都行！"为了党和革命事业，手术后的胡廷俊安上了假肢，仍然忘我地工作。随后他被调往中共上海中央局军委特工科工作，负责收集军事情报。虽然假肢对他的行动带来诸多不便，但他仍然坚持辗转上海、南京、江西、福建等地，负责地下秘密交通联络。他将一些重要情报藏于

假肢之中，为送出一份密电，常常要走上几十公里的路。面对敌人严苛的搜查，甚至于连假肢也不放过。危急关头，胡廷俊便将传送情报的纸条吞进腹内，以口头方式转述党的指示和秘密情报。在从事地下秘密交通联络任务期间，胡廷俊多次完成了重大情报与军事机密的传递工作，其中就包括蒋介石颁发的口令信号、符号、电报密码等，有效地协助了中央红军开展反"围剿"斗争。

1935 年春，胡廷俊到皖南执行重大任务时，被叛徒出卖，被捕入狱。凶残的敌人用尽酷刑，但是胡廷俊始终坚贞不屈，拒不开口。同年 8 月中旬的一天清晨，胡廷俊带着对党和革命事业的忠诚，血洒雨花台，年仅24 岁。

三、用担当检验忠诚

雨花台革命烈士对理想信念虔诚而执着、至信而深厚，背后是为国家民族振兴计、为社会发展谋的担当精神。如果一名共产党员连最起码的担当精神都没有，为党和人民牺牲一切就无从谈起。习近平总书记在多次讲话中阐述了党员尤其是党员干部敢于担当的重要性，他强调"坚持原则、敢于担当是党的干部必须具备的基本素质"①。慨然担当，彰显的是地下党员在日常工作中善于担当、在危急情形下勇于担当的精神，彰显的是共产党人先进性的重要指标。雨花英烈中有不少建党初期的共产党员，许多人是党的重要骨干。他们始终战斗在党最需要、革命最危急的重要关头。特别是大革命失败后，在敌人的血腥屠杀面前，他们奋起与国民党反动派抗争，用鲜血和生命捍卫了党和革命。

只有振奋舍我其谁的担当精神，面对利益藩篱敢于"啃硬骨头""涉险滩"，面对大是大非敢于亮剑发声，面对矛盾敢于挺身而出，面对挫折失误敢于承担责任，才能做到在急难险重任务和矛盾旋涡面前豁得出、顶得上、扛得住，彰显共产党人的强大人格力量。

（一）在日常工作中善于担当

雨花英烈的担当精神，关系到白区革命事业的兴衰和成败。敢于担

---

① 中共中央文献研究室编：《十八大以来重要文献选编》（上），中央文献出版社 2014 年版，第340 页。

当是对每位党员的职责要求,善于担当则是能力的体现。地下党员注重对先进思想理论的学习,善于从工作中把握事物发展规律,从全局、大局上思考和谋划工作、观察和处理问题,锻炼解决困难的过硬本领。

吴振鹏求学过程中即开始接受马克思主义理论知识,结合革命实践,锻炼出卓越的组织能力。1922 年,他进入具有光荣革命传统的安徽省立第一师范学校学习,如饥似渴地阅读《新青年》《向导》等进步刊物,加入了社会主义青年团。入团之后吴振鹏则以更大的热情、更多的精力投入党团组织领导的各项运动,锻造出了十分优秀的组织、宣传等工作能力。吴振鹏在学校办了一所工人夜校,亲自组织同学为工友上文化课,并宣传革命道理,扩大了共产党与青年团在工人中的影响力。同时,他发起组织了一个学生文学团体——曦社,批判封建制度下的教育,抨击军阀统治,逐渐动员起校内学生参加校外的政治斗争。此外,吴振鹏每星期至少牺牲六个小时,做时事与社会改造理论与办法的研究,包括记载各国革命或阶级斗争的历史或书报、心理与群众心理的书籍的研究。[①]

他在发动工人运动之前,善于对工人的内部情况进行详细的调查研究,承担发动工人运动的任务。1928 年秋,根据中共中央、团中央的指示,吴振鹏领导发动了以上海青年工人为主体的 9 月总同盟罢工。从 8 月底,他即开始陆续组织各区的团员深入到上海工厂集中区如杨树浦、引翔港、沪西等地,与各工厂青年工人及领导人秘密接洽,同时举行青工集会,发表鼓动演说,明确斗争纲领与口号,为成功发动罢工做了大量的准备工作。9 月 2 日是国际青年节。这天清晨,在吴振鹏的领导下,上海各工厂的青年工人统一行动,举行总罢工。各厂区内,贴满标语、漫画。上午 9 时,以青年工人为主体的示威在漫天的传单和响亮的口号声中进行。南京路附近的浙江路至福建路一带,聚集了成千上万的工人,整个上海为之震动。面对反动军警凶残的镇压,吴振鹏振臂一呼,工人们毫不畏惧,勇敢地冲破敌人的包围,游行队伍冲向外滩,继续进行集会。此次总同盟罢工一直持续到 9 月 9 日,是上海工人阶级一次大规模的斗争,为其他地区的工人运动提供了模范和借鉴作用。

---

① 参见雨花台烈士陵园管理局编:《雨花英烈文集》,南京出版社 2016 年版,第 63 页。

　　凭借出色的工作能力,不久他便担任了共青团杨树浦区委书记。在吴振鹏等人的努力下,上海地区的青年运动取得了很大的成效。因此,在沪东、沪西的工人运动中,吴振鹏被誉为上海工人运动的"四大金刚"之一。1925 年,吴振鹏正式被吸纳为中共党员,更为积极努力地为中国人民的解放事业工作贡献自己的力量。1927 年 5 月共青团第四次全国代表大会召开,吴振鹏当选团中央委员,并兼任江西省团省委书记。在他的领导下,江西省的青年运动有力地配合了党领导的革命斗争,江西的青年工作亦呈现出前所未有的大好局面。

　　(二)在危急情形下敢于担当

　　敢于担当,就是要有精气神,有敢于面对困难的锐气与勇气,这是共产党员克敌制胜的关键性因素。在革命的危急关头,中共地下党表现出超凡的政治担当,面对复杂的局面时,立场与信仰坚定、旗帜鲜明、敢于直面、敢于斗争。在面临着巨大压力、繁重任务时,仍然保持昂扬向上充满活力的精神状态。

　　黄励,在白色恐怖笼罩的危急时刻,主动承担对被捕同志的营救工作。1905 年 3 月,黄励出生于湖南省益阳县的一个贫民家庭。1925 年 5 月 30 日,震惊中外的五卅运动在上海爆发。在反对封建的斗争中,黄励接受马克思主义的熏陶,同年正式加入中国共产党,并成为苏联选派留学生。在此期间,黄励不断学习马克思主义理论,铸造了坚定的理想信念、提升了自身工作能力。

　　1931 年 10 月,黄励回国之际,中国共产党的城市工作正遭受灭顶之灾。她在此时回到白色恐怖笼罩的上海,注定要接受人生最严峻的考验。党组织安排黄励担任上海互济总会主任兼任中共党团书记,主要负责营救被捕同志,救济他们和烈士家属。1932 年 4 月,黄励的搭档杨放之在上海英租界被捕,关押在上海提篮桥监狱。黄励得知后积极组织营救。同年 7 月,中共江苏省委在上海共和大戏院召开全省"反帝代表大会",支援东北义勇军,反对上海停战协定,号召同胞们一致抗日。然而,会议刚开始,会场就被国民党军警包围,当场被捕同志 88 人,后又被捕 7 人。[①]

---

　　①　参见《中共江苏地方史》第 1 卷,江苏人民出版社 2012 年版,第 219 页。

黄励闻讯后立即赶到互济总会机关,筹备营救工作,确立了通过宣传手段,发动群众,向上海市公安局施压。义愤填膺的群众包围了上海市公安局,要求释放被捕同志。面对国民党残酷的白色恐怖政策,营救任务艰巨繁重。1930年,江苏全省共产党员8200多名,其中上海1400多名;1931年底,全省共产党员4000余名,其中上海700多名;1933年底,全省共产党员包括上海只剩下130名。① 黄励组织互济总会的同志,通过会员寻找可靠的社会关系,动员被捕人员的家属或者亲属出面,用群众的力量迫使国民党政府释放被捕人员。同时,在必要的时候,聘请律师辩护,尽量减少刑期。此外,为了利于营救工作的开展,黄励本人也时常化装成工人、学生、大学教授,活动在各阶层人士之中。她亦经常告诫同志们:"做营救工作必须大胆心细,机智勇敢,要善于接近群众,尽量避免损失。"

　　然而,由于经常组织开展营救活动,黄励的处境已然十分危险。1933年4月,黄励的秘书周光亚被捕叛变,使得黄励最终被捕。面对敌人凶猛的白色恐怖政策,黄励勇于担负起任务繁重而艰巨的营救任务,体现了她在危急时刻慨然担当的道德情操。

第二节　初心使命,奋斗奉献

　　一部革命斗争史,就是一部中华儿女为革命事业、为理想信念而前赴后继、奋勇向前、浴血牺牲的可歌可泣、英勇悲壮的英雄史和奋斗史。中华民族灿烂的历史画卷上,镌刻着革命英烈、民族英雄前赴后继、勇于奉献的奋斗足迹。雨花英烈为了革命事业英勇奋斗、无私奉献、勇于牺牲、舍生为民,他们是新民主主义革命时期成千上万革命先烈中的一个特殊群体,他们的事迹更为集中地、典型地展现了共产党人的初心和使命,即为中国人民谋幸福、为中华民族谋复兴、为世界谋大同。这个初心和使命是激励中国共产党人不断前进的根本动力。他们之所以用必死的决心投身革命,就在于他们把意志深深扎根于为人民谋幸福、为民族谋复兴、为

---

① 参见《中共江苏地方史》第1卷,江苏人民出版社2012年版,第234页。

世界谋大同的实践中。

一、为人民谋幸福

鸦片战争之后,中国陷入内忧外患的黑暗境地,中国人民饱受战乱频仍、山河破碎、民不聊生的深重苦难。为了民族复兴,无数仁人志士不屈不挠、前赴后继,进行了可歌可泣的斗争,进行了各式各样的尝试,但终究未能改变旧中国的社会性质和中国人民的悲惨命运。作为中华民族的优秀儿女,包括雨花英烈在内的老一辈中国共产党人,接续前人的探索奋斗,以苍生幸福为念,以奉献人民为魂,在救国救民的道路上跋涉前行。五四运动前后,他们接触并接受马克思主义,从而认清和把握了时代前进的方向,找到了改变中国社会面貌的正确道路,确立了共产主义远大理想和创建社会主义新中国的奋斗目标,走上了人民至上、为中国人民谋幸福的奋斗道路。

(一)以苍生幸福为念

中国共产党是马克思主义政党,按照马克思主义群众史观,人民群众是我们党事业成功的基础和动力,为人民群众的权利与幸福而奋斗是中国共产党一以贯之、矢志不渝的目标与任务。共产党从诞生之日就以人民幸福为念,勇敢担当起为人民创造幸福生活的历史使命。

侯绍裘家住江苏省松江县城丰乐桥东堍,父亲是清末秀才,家族重视教育。他毕业于松江江苏省立第三中学,成绩优异,且兴趣广泛,会吹奏箫笛,善绘画篆刻,多才多艺。他亦关心国事,喜爱阅读报纸、杂志。1918 年,侯绍裘进入上海著名学府南洋公学攻读土木工程专业。在就读期间,他的思想观念焕然一新,开始反对南洋公学禁锢学生思想的封建守旧传统,抵制校内文言文比赛和繁缛的尊孔仪式,并通过编发《问题周刊》等多种形式,宣传社会革命,倡导科学民主,反对封建迷信。尽管侯绍裘学业成绩一直名列前茅,南洋公学仍以"举动激烈,志不在学"为由,勒令他退学。而侯绍裘选择:"以最大多数之最大幸福为人生的最终目的、最大责任"。这时的他已初步具有共产主义思想。

"要认定一个人不是为一己而生,是为社会,为人类而生,以最大多数之最大幸福为人生的最终目的、最大责任,而以尽此责任为乐。"①这是侯绍裘 1923 年入党后,在《松江评论》上发表的《我们应该做怎样的青年?》一文中的一段文字。表现了这位青年共产主义者的人生追求。

(二)以奉献人民为魂

一个人的最高境界是为他人谋利益,一位共产党员的最高境界是为人民无私奉献。雨花台革命烈士的无私奉献精神,实质上是把革命事业与人民的利益放在首位。他们甘于奉献的价值观是建立在其忠诚于党、服务人民的价值认同基础上的,忠于党和人民,便使得每一位共产党员具备了为革命事业与人民奋斗终生的自觉与担当。在南京及周边地下的斗争中,每一位地下党员身上都闪烁着奉献精神的光辉。秦明、吕惠生等在深重的民族危机面前,放弃优越的教育条件,立足于改造社会、救国救民,为革命事业和人民奉献了自己的热血与生命。

《水浒传》中有一猛将,因其性烈如火,人称天猛星"霹雳火"秦明。他为人正直,疾恶如仇,每逢战事,总身先士卒、奋勇杀敌。雨花英烈中也有一位"秦明",原名乔映淮,这位年轻的革命者同样耿直坚毅、舍生为民,为了心中的革命信念殒身不恤。1933 年春,17 岁的秦明考入省立兰州一中。在三年的求学生涯中,他逐渐接触到更多的进步书刊,结识了一批对国民党黑暗统治不满的进步青年,他们相互交流并传播进步思想,探索救国救民的道路,跟着共产党、献身革命成了他们共同的人生追求。经过抗日活动的考验,1937 年 11 月,秦明加入了中国共产党。在入党动机一栏中,他写道:"因对马列主义的阅读,对革命有了相当的认识。"他认定只有马列主义才能救中国。从此,他便把自己交给了党,交给了中国革命,交给了中国人民的解放事业。1947 年 3 月,因土匪告密,秦明在突围战斗中不幸被捕。敌旅长在审讯他时,要他承认国民党比共产党好,秦明冷冷一笑,义正词严地驳斥道:"国民党祸国殃民,不齿人类,日暮穷途;共产党为国为民深得人心,前途光明!"1948 年 10 月的一天,秦明血洒雨花台,时年 32 岁。

位于安徽无为长江北岸的黄丝滩江堤被誉为"无为大堤一枝花",是

---

① 雨花台烈士陵园管理局编:《雨花英烈文集》,南京出版社 2016 年版,第 33 页。

抗日战争时期皖中抗日根据地著名的水利工程。堤外江水滚滚，堤内百姓无忧。与这道江堤同样巍然屹立的是一个叫作"吕惠生"的名字。正是这位安息在雨花台的革命先烈在1943年带领当地人民栉风沐雨，在抗日烽火中修建了这座生命屏障。因此，黄丝滩江堤被当地人民称作"惠生堤"。吕惠生，1903年出生于安徽省无为县的一个寒士之家，为家中幼子，深得父母宠爱。1922年，考入北京农业大学，攻读农业生物学，以待以科学改善中国农业，以所学为国尽力、为民谋得幸福。1942年，吕惠生加入中国共产党，不久调任皖中行署主任。1943年10月，万众人民抗日自卫军成立，吕惠生兼任司令员。在战斗间隙，吕惠生带领部队帮助当地人民发展农业生产，实实在在地为老百姓办好事。他曾和部队官兵一起帮助当地农民抢收10万亩水稻，在根据地中被传为佳话。在负责黄丝滩江堤建造的过程中，怀着对工作和百姓的高度责任感，吕惠生亲临现场指挥，与几十万民工同生活、共战斗、吃住同在。他甄选最佳的施工方案，精心制订规划，认真组织施工，风餐露宿，呕心沥血。

吕惠生对根据地的财政经济、文教卫生等各项事务，都作出重要贡献，政绩斐然，但他仍然保持谦虚谨慎，严格要求自己。他在日记中写道："我深深知道，我是很不够格来担任这样一个名义和职务，党和首长们对我总算是特殊又特殊，我若不加紧报以工作，我也是没有心肝……因此，三更灯火五更鸡，累断命根也不迟疑了。生命在此：干罢！鞠躬尽瘁，死而后已"[①]。

二、为民族谋复兴

实现中华民族伟大复兴是近代以来中华民族最伟大的梦想。中国共产党成立之初，即以反帝反封建为纲领，不断地探寻救国救民之真理，追求新社会，义无反顾地肩负起实现中华民族伟大复兴的历史使命。世界上没有哪一个政党，像中国共产党这样，为了国家和民族，付出如此巨大而惨烈的牺牲，历经如此艰苦卓绝的斗争。雨花英烈的责任与担当，推动中国革命不断取得胜利，也正是今天我们实现中华民族伟大复兴的中国

---

① 雨花台烈士陵园管理局等编：《雨花魂》，中共党史出版社2015年版，第465页。

梦必须坚持的强大精神力量。

（一）承载反帝反封建的革命任务

反对帝国主义和封建主义在中国的统治,实现中华民族独立自主,是近代中国人民的革命目标。经过马克思主义熏陶和大革命洗礼的雨花英烈对此有着清晰的认识,完成反帝反封建的革命任务是他们不懈的追求。

杨峻德原名杨克宽,1900年生于福建建瓯县吉阳镇,幼年在乡塾启蒙。杨父亡故之后,受到其兄支持,就读于福建省立第五中学。在第五中学求学期间,杨峻德成绩优秀,表现突出,尤擅长组织活动及演说。经过五四运动的洗礼后,杨峻德深受反帝反封建浪潮的感染,更加增添了以天下为己任,救民众于水火的决心和豪情。有感于《尚书》中"克明峻德,以亲九族"之言,遂将自己的名字改为杨峻德,借以表达追求真理、兼济天下的宏大志向。1926年,杨峻德加入中国共产党,并受组织委派,返建瓯开展革命工作,同年7月,闽北第一个中共组织——中共建瓯支部成立。当此之时,反帝反封建的大革命运动已如火如荼,旨在推翻军阀统治的北伐战争已爆发,杨峻德已做好准备。1926年12月,北伐军第2军第6师入驻建瓯。中共建瓯支部派杨峻德到师部代表建瓯人民揭发军阀县长谭国政的罪行,并要求废除苛捐杂税。因此,军阀苛政当即废除,外国教会资产被没收,谭国政亦被逮捕,改县长制为委员制。建瓯的反帝反封建斗争取得了第一个回合的胜利。1927年1月,杨峻德以个人名义加入国民党并任委员会委员,继续与封建势力作斗争。他深入开展群众工作,组成县总工会和农民协会,全县工会达千余人,革命势力得到进一步壮大。1931年3月25日,杨峻德在出席厦门市委常委会的途中,被国民党特务逮捕,5月23日,在雨花台壮烈牺牲。

张应春,1901年11月11日生于江苏省吴江县葫芦兜村。因这一天是农历十月初一,农谚有云"十月芙蓉应小春"的说法,故张父便将这个新出生的女婴取名蓉城,字应春。在风起云涌的大革命时代,张应春投身革命,加入中国共产党,成为江苏反帝反封建运动与妇女解放运动的先驱。张应春的家乡吴江黎里,在柳亚子等人影响下,已形成一股"新派力量",民主气息甚浓。受此环境的熏陶,她逐渐产生了妇女解放意识。张应春的母亲金氏因一连生下四个女孩,备受家族歧视,以致精神失常。这件事亦激发了张应春对封建思想的仇恨。张应春与柳亚子的妹妹柳均权是同窗好友,在上下学的路上曾多次对柳均权说:"女子无才便是德,是封建意识,我辈要勤奋学习,要争女权,一以天下为己任。"1919年夏,张应春来到上海中国女子体育专门学校学习。在这三年求学期间,她更加关注时局变化,在其日记中表达对反动当局的痛恨,对国家兴旺、人民自由的渴望。毕业之后,她多次参加革命活动,革命经验日益丰富。1925年11月,由侯绍裘介绍,张应春加入了中国共产党。她在年底写给柳亚子的信中说:"我认为入了党,当然以党为前提了,一切多可以牺牲的。……革命是我唯一的依靠。"

此后,张应春便将大量精力投入妇女解放运动。为了反对封建礼教、争取女性权利,她毅然决然带头剪掉发髻,却受到家人的坚决反对和严词责备。她在回父亲的信中写道:"大人终不儿谅者,终身不复归家矣!"这体现了张应春为了革命事业和妇女解放运动,舍小家为大家的伟大革命精神。

在妇女运动的实践斗争中,张应春痛感自己的母亲以及中国妇女受封建礼教毒害之深,认定妇女要得到解放,必须接受教育,主张创办一所妇女学校,把"人生必要学识灌输到女同胞的脑子里去"。1925年,在她的大力倡导和努力下,黎里镇创办了一所妇女学校,张应春则被公推为主任教师,负责教务。她在课堂上向学生传授文化,宣传革命道理;在校园内与学生促膝谈心,鼓励她们冲破封建牢笼束缚,寻求自由平等。她认为:"我们要打破不平等,先要打破一切野蛮的礼教,野蛮的社会制度。"①

(二)寻求真理救中华

从少年求学时代起,雨花英烈就为国家的忧患而痛苦、而焦虑、而奔走,企图在豺狼遍地的荒野中寻找到一条光明的革命道路,他们一心寻求救国兴邦真理,始终为理想而奋斗。

高文华——真理的追求者,"最快活的人"。他1925年加入中国共产党,参加过北伐战争。1927年11月,任共青团无锡县委书记。1922年,高文华15岁时,离开家乡无锡到南京读书。两年后,他投笔从戎,南

---

① 雨花台烈士陵园管理局编:《雨花英烈文集》,南京出版社2016年版,第39页。

下前往黄埔军校求学。在那里,他结识了许多共产党员,并加入了中国共产党。某天,他接到父亲的来信,说已经为他在胶济铁路找到一份月薪60大洋的工作,希望他前去就职。在当时,60大洋不是个小数目,高文华却不为所动,他给父亲回信说:"我是一个革命者,怎能受钱的牵动呢?老实说,山东有六百、六千一月的事,我都不做的。"他决心要做"使天下穷苦人将来吃饱穿暖的事"。后来,他再次给父亲写信表明志向:"欲得安宁快乐之生活,非先打倒帝国主义军阀不可。"高文华在家书中对父亲说:"我们虽然苦,我们依旧有我们至高无上的精神的愉快。总之,我们是真理的追求者,我们是最公正无私的人,我们是最快活的人呀!"①虽然身陷囹圄,高文华仍然坚持战斗。1928年3月,高文华外出联络工作时被敌人发现,不幸被捕。危急时刻,高文华迅速将手头的党团组织成员名单吞进腹中。他在狱中写诗,写文章,歌颂共产党领导的人民革命,揭露国民党的罪恶行径。狱中的非人生活和残酷迫害,使高文华的身体受到了严重的摧残,他敌不住伤寒瘟疫的侵袭,于1931年7月不幸去世。这个尚不满24岁正值青春年华的革命者,没有留下任何钱财,留下的只有近百封信件和狱中写下的《端午》《屈原》《饿囚之哀叫》等多首战斗诗篇,激励着无数后人为中华民族的伟大复兴而不懈奋斗。

刘重民,1902年生于江苏省江都市双沟镇,次年随父母定居南京。1922年,他考入金陵大学,成为金陵大学最早的中国社会主义青年团团员。在求学期间,刘重民经常阅读进步书籍,接触进步青年,逐渐接受了马克思主义,积极探寻救国良策。1923年底,刘重民在恽代英等人的鼓励与支持下,在南京一枝园积极参与筹办钟山中学。刘重民先后任教务主任和副校长,并聘请了社会主义青年团南京团组织负责人彭振纲、四川早期团员张霁帆以及一些进步青年任学校教员。同时,学校的教学内容都是按照五四时期以来新文化的发展要求设置的,通过各种形式将教学与传播革命思想相结合,宣传马克思主义与新三民主义思想。在教学期间,刘重民等人积极向学生们介绍并推荐团中央机关刊物《中国青年》,同时创办校刊《钟声》,刊载的文章中明确提出了反对帝国主义、反对封

---

① 雨花台烈士陵园管理局编:《雨花英烈家书》,南京出版社2016年版,第45页。

建军阀的口号,进一步培养学生爱国主义精神。刘重民在这里开始了他救国救民的艰苦实践。1924年底,因国民党右翼分子告密,省教育厅派人到钟山中学进行视察,以"设备简陋"为由,勒令停办学校。办学救国实践虽然短暂,却是刘重民人生道路上重大转折的开始。经过办学期间接触进步青年,他学习钻研了《共产党宣言》《资本论浅说》《帝国主义论》等马克思主义著作,积极参加社会活动,以理论联系实际,逐渐成为五四运动以来南京最早接受马克思主义的青年知识分子。1924—1925年间,刘重民认真研究了中国的政治经济状况。他翻阅了大量的文献资料、报纸杂志,撰写了《中国政治状况》《中国经济状况》两篇文章。文章揭露了帝国主义、封建军阀残酷剥削、压榨中国人民的罪行,以较高水平的政治理论见解影响着更多的中国青年。他指出:"要救中国,要救我们自己,只有革命,只有打倒帝国主义。"1927年4月10日,刘重民在参加中共南京地委紧急扩大会议时被捕。尽管在狱中受尽严刑拷打,他仍大义凛然,怒斥蒋介石无耻背叛革命,坚信共产主义必然胜利。数日后,刘重民被残忍杀害。

（三）向往和追求新社会

20世纪20年代的革命青年,秉承救国济世之宏志,怀义无反顾之心,脱离旧家庭、旧学校,怀着对一个人人平等、人人幸福的新社会的向往和追求投身到革命洪流中去。

1921年上海的一个钱庄里,一位少年正不停地穿梭忙碌着。在繁杂的工作中,目睹了有钱人的嚣张跋扈,劳苦大众衣衫褴褛,钱庄老板刻薄势利,这位少年常常陷入沉思:社会为何如此? 美好的社会应该是什么样子? 如何改变当下社会? 这位少年就是后来活跃于工人运动前沿、殒身于革命的汪裕先。汪裕先家境清寒,7岁时父亲病故,依靠母亲做针线活维持生计。贫困的生活和幼年丧父的经历使汪裕先较同龄人而言具有更多的坚韧气质和战胜困难的勇气,也促使他去思考社会的不公和生活的意义。1926年初,汪裕先加入了中国共产党,在历次的工人运动中积累革命经验,逐步成长为华电工人运动的一名骨干。1927年3月21日,上海工人举行了第三次武装起义。汪裕先等人领导由200多名华电工人组成纠察队参加了起义,成为当时南市起义的三支主力之一。此次战斗中,华电工人纠察队缴获机枪、步枪、手枪等 300 余支。南市起义取得完全胜利。起义胜利后,汪裕先领导华电全体职工恢复生产,维持社会治安,参与公审处决反革命分子。1930 年 4 月,汪裕先在赴太湖组织农民武装的路上被叛徒告密。四年后,于雨花台英勇就义。汪裕先虽殒身于革命,但他找到了通往美好社会的道路。

"我恨不得掀起一声春雷,把这个耻辱沉闷的社会打的粉碎!"黄祥宾 1926 年在上海黄浦江畔外滩公园门口看到"华人与狗不得入内"的警示牌时激愤地说到。此时,他已经秘密加入了中国共产党。黄祥宾,1905 年生于江苏省武进县湟里古镇一户米行店员之家,是家中第四子。幼时求学时,喜读《岳传》,时常吟诵岳飞《满江红》以自励,同时也受到孟子"民贵君轻"等思想的影响,培育了少年黄祥宾的爱国爱民情怀。1921 年,黄祥宾考入江苏省立第三师范学校。时值五四爱国运动以后,新文化蓬勃兴起,他阅读了马克思等人关于社会主义、共产主义相关的书籍、《新青年》等进步期刊,思想境界逐渐提升,亦加深了对新社会的向往。1925 年上海五卅惨案发生后,已担任省立三师学生会会长的黄祥宾,联络无锡各校学生,成立沪案后援会。他们召开数千人的群众集会,进行声势浩大的游行示威。也正是这一年,黄祥宾转为中共党员,这是黄祥宾重要的人生选择,他默默在心里向党和人民承诺接受共产党领导,推翻旧世界,誓为共产主义奋斗终生。1926 年 9 月,黄祥宾考入国立东南大学工学院数学系。四一二反革命政变后,反动势力卷土重来,中共南京地下组织的多位领导惨遭敌人的血腥屠杀,白色恐怖笼罩全城。身处国民党反动统治的中心,黄祥宾并不胆怯、灰心,其革命意志更加坚定。1930 年 7 月,黄祥宾已从中央大学毕业,他完全可以离校谋求一个称心舒适的职业,但是为了执行党的决议,他参加了党在南京举行的革命行动。1930 年 8 月,黄祥宾被事先埋伏在其宿舍门口的特务逮捕。面对敌人的威逼利诱、严刑拷打,他表现出了共产党人"头可断,志不可夺"的英雄气概。同年 8 月,黄祥宾就义于雨花台。

三、为世界谋大同

为世界谋大同,植根于深厚的中国传统文化。习近平总书记曾指出:

"中华民族历来讲求'天下一家',主张民胞物与、协和万邦、天下大同,憧憬'大道之行,天下为公'的美好世界。"①为世界谋大同,也是为人民谋幸福、为民族谋复兴的自然延伸,彰显了共产党人为世界被压迫、被剥削人民求解放的赤诚之心。共产党人作为中华民族优良传统的继承者,秉持"内外兼修,兼济天下",不仅希望中国人民自己过得好,也希望各国人民都过得好,争取为人类进步作出更大贡献。

(一)力求铁肩担道义

在 20 世纪初中国革命波澜壮阔的历史进程中,以雨花英烈为代表的共产党人以救国救民为己任,不懈求索,英勇战斗,展现出一种崇高的革命理想与志向。而这份"道义"承载了千千万万受尽苦难的中国人民的希望,承载了中华民族不屈不挠的意志和品格,成为激励每位党员坚守共产主义信仰、推动中国革命走向胜利的不竭的动力源泉。

1929 年 6 月,从国民党和日军统治下的沈阳走出的高中学生,为了寻求救国救民的道路,离开家乡,远赴南京求学。陈景星、石璞便是其中的两位。在金陵大学,陈景星与石璞二人接触到了《史的唯物论》《国家与革命》《共产主义 ABC》等书籍以及马列主义的唯物史观、阶级斗争和无产阶级专政等学说,他们的思想理论水平也得到很大的提升。在金陵大学中共党组织的启发教育下,陈景星已然选择信奉马克思主义,并愿意为全国人民解放而"大干一场"。陈、石二人先后加入了中国共产党。

走上革命道路的陈景星与石璞二人在校内外积极开展党的地下活动,以揭露帝国主义和国民党的黑暗统治。1930 年 6 月,陈景星给远在千里之外的母亲写了一封发自肺腑的长信:"母亲,你对我的爱、对我的体贴,那是使我时时不会忘记的……你为我挨了很多累,吃了很多的苦,甚致[至]于被债主们的逼迫,处处方面你都代表着慈母的爱……然而慈母爱儿的亲热,我能如何报答呢……我常想,我若是读了很多书,不能为社会上的被践踏的人类谋些幸福,那我怎能对(得)起母亲呢,怎能对(得)起母亲疼儿一场呢"②。信中短短几句话,既表达了陈景星对母亲的

---

① 习近平:《携手建设更加美好的世界——在中国共产党与世界政党高层对话会上的主旨讲话》,《人民日报》2017 年 12 月 2 日。

② 雨花台烈士陵园管理局编:《雨花英烈家书》,南京出版社 2016 年版,第 16—17 页。

拳拳深情,又表达了共产党人以解放苦难同胞为己任的伟大胸怀。

1930年8月,坚守在南京与敌人斗争的陈景星、石璞相继被捕。在狱中,面对敌人的种种伎俩,陈景星始终坚贞不屈,保持了共产党人高尚的道德情操。石璞虽然才17岁,却显得十分成熟、坚强。其父闻讯赶到南京设法营救。审判者示意他供认年幼无知,误入歧途,愿悔过自新,可免一死,然而被石璞断然拒绝。在狱中,石璞还用《苏武牧羊》的曲调,唱起了陈景星创作的歌谣。

> 工农痛苦实在深,
> 资本家剥削,豪绅又欺凌,
> 国民党、改组派,压榨实在凶。
> 打倒国民党,驱逐美日英,
> 建立苏维埃,红旗照日月,
> 工人解放,农民翻身,
> 大家庆升平!

这充分体现了中共对人类前途命运的关注以及对世界大同的一种向往和希冀。

(二)为求解放奋斗终生

雨花英烈在白区开展的地下斗争,属于无产阶级政党领导的为绝大多数人谋利益的运动,所以每一位地下党首先考虑到的不是自己的个人安危,而是整个中华民族的利益。

张炽,字子昌,1898年6月4日生于云南省路南县堡子村一个士绅家庭。幼时受父母熏陶教育,养成正义、不畏强暴的性格。1924年,经姚宗贤、刘平楷介绍加入中国共产党。同年考入北京民国大学,是一名知识分子出身的革命者。在接下来革命的日子里,他给家人留了不少书信。"我现在不忍心见国家沦亡,不忍心见同胞穷苦,将为奴隶。立志走这条大路,做这种有价值的工作。你说你要跟我前进,就请一同前进吧!"在这封家书中流露出了国家和人民解放在张炽心中的分量。拯救国家,为求解放,就是他们舍弃一切、坚定革命的价值取向和不竭动力。革命的道路是曲折的,张炽的信中却始终燃烧着共产主义理想之火。1930 年张炽在上海任中共中央机关巡视员时,给妻子的信中这样写道:"我决不灰心、消极! 我相信,十分相信,我的前途仍旧是很光明的! 失败与小挫是我的事业成就的母亲! 只要我们肯努力奋斗,我相信,十分相信,是终有一日会偿了我们的素〔夙〕愿的。"同年 7 月,张炽在上海发动工人罢工时被敌人逮捕,后被押解南京,判刑 5 年,囚禁在中央军人监狱。入狱后不断被毒打,胸部受伤,伤口溃烂流血,身体极度虚弱。但他仍想尽一切办法与狱外党组织取得联系。他利用被派到洗衣间做苦力的机会,联系上入狱后经受了考验的共产党员,组成狱中党支部,还组织了"互济会",将难友团结在党支部周围。1933 年 4 月初,张炽在南京雨花台英勇就义。时年 35 岁。

1927 年,27 岁的冷少农任中共中央军委派驻南京情报中心小组长,打入国民政府军政部,为中央红军取得三次反"围剿"胜利发挥了重要作用。冷少农因长期从事秘密情报工作,一直都没有时间回家探望亲人。有一次,他的母亲写信责备他"不忠不孝、忘恩负义"。随后,冷少农在给母亲的回信中写道:"你老人家和家庭一切人过去和现在的痛苦,我是知道的,但是无论怎样的苦,总不会比那些挑抬的讨田种的讨饭的痛苦……"此时,冷少农的公开身份是国民党军政部部长办公室秘书,真实身份是中共地下党员,心中牢记的是为世界谋大同。冷少农深知身处龙潭虎穴,随时都有可能牺牲,于是,他在 1931 年 1 月 8 日给 6 岁的儿子冷德苍写下了第一封信、也是给亲人的最后一封信:"我之爱你,是望你将来为一极平凡而有能力为一般劳苦民众解决不能解决之各项问题、铲除社会上一切不平等之人物。苍儿! 社会之新光在照耀着你,希望你猛进"①。从冷少农这两封信的内容不难看出,字里行间都流露出他对国家、民族和人民的使命责任,也表明了一名共产党员的"忠孝观"和"义利观"。这样高尚的道德情操不仅是雨花英烈富贵不淫、贫贱不移、威武不屈的根本所在,也诠释了中国共产党人初心的崇高和伟大。1932 年 3 月,由于叛徒出卖,冷少农被捕,6 月牺牲于雨花台。

---

① 雨花台烈士陵园管理局编:《雨花英烈家书》,南京出版社 2016 年版,第 60 页。

第三节 至情至性,无愧亲朋

在血与火的革命年代,革命先烈们一生奉献,不求索取,他们将最美丽的彩霞留在了人间,无愧于党和革命事业,无愧于国家和人民,无愧于家族亲朋,无愧于他们为之而奋斗的崇高理想。雨花英烈在革命的征途上、在斗争的最前沿、在敌人的牢狱中、在走向刑场的那一刻,给亲友也给后人留下了许多动人的话语。这些话语,证明了雨花英烈并非不食人间烟火,恰恰再现了他们有情有义、有血有肉、可亲可敬的丰富形象,以及忠于国家而忘小家、为大公而忘小私的超越普通人的气节与气概。这些话语,有对人生的感悟,有对亲人的眷恋,更有对革命的坚定信念和对后人的深情嘱托,他们坚信自己所从事的事业是天底下最伟大的事业,是充满着真理和无限魅力的事业,是必定取得胜利的事业;他们欣慰自己的生命与人民的幸福、民族的复兴紧紧联系在一起。

一、情谊无尽

在生死攸关之际,革命者除了留下"饮弹从容向天啸,永留浩气在人间"的忠贞不渝之外,还留下了对亲人的惦念和对下一代的殷殷期盼;深陷囹圄之境,革命者们仍能主动地互帮互助,建立起超乎生死的情谊。

(一)慈母情

1933年3月底的一天,一群便衣特务包围了刘少奇的革命伴侣何宝珍的住处,她意识到自己出事了,迅速将年仅3岁的刘允若塞到了邻居的一位大嫂怀里,匆匆忙忙地交代了一声:请帮我照看一下孩子,过几天会有人来领他的。在儿子的哭声中从容被捕。被捕后,何宝珍坦然迎接新的考验。在这样的情况下,何宝珍仍然关心着周围每一个难友,谁缺了衣服,她就发动大家共同支援;谁生了病,她就主动悉心照顾;尤其是有的同志刚被审讯完回到牢房,她总是第一个就到牢门口扶其床边,帮助清洗、包扎伤口。在狱中,这个坚强而快乐的女子也有忧伤的时刻。她有时会默默思念自己的丈夫以及三个许久未见面的孩子,但作为一名革命者,身临险境绝不允许她随意流露情绪,很快她便擦去眼泪,恢复常态。1934

年秋的一天,酷刑下的何宝珍视死如归,为了不牵连任何同志,她承担了全部责任。最终,她由 15 年有期徒刑被改判死刑,并立即执行。

（二）手足情

史砚芬,死为国家魂不灭。史砚芬早年父母就过世了,他一直担负着教养弟弟妹妹的责任。当他预感自己不久于人世时,给他们留下了两封信。史砚芬牺牲后,亲属从他内衣口袋里发现了这两封血迹斑斑的书信。其中一封是在判刑前写的,提到弟弟妹妹下学期的功课准备。另一封是遗书,上面写道:"亲爱的弟弟妹妹:我今与你们永诀了。我的死是为着社会、国家和人类,是光荣的是必要的。我死后有我千万同志,他们能踏着我的血迹奋斗前进,我们的革命事业必底于成,故我虽死犹存。我底[的]肉体被反动派毁去了,我的自由的革命的灵魂是永远不会被任何反动者所毁伤！我的不昧的灵魂必时常随着你们,照护你们和我的未死的同志……以后你能继我志愿,乃我门第之光,我必含笑九泉,看你成功"[1]。史砚芬在狱中给弟弟妹妹所写信中的这段话,表达了他献身革命事业的坚定立场和对革命事业必定成功的坚定信心。史砚芬给弟弟妹妹的信,饱含深情的文字,蕴含着他对亲人的嘱托、对党的事业的热爱、对历史规律的认识。这是对亲人的最后交代,更为今天的人们留下了当年共产党人忠于理想、坚定信念的崇高形象,留下了走好人生道路的殷殷嘱咐。

（三）爱情

马克昌,1906 年生于云南省河西县汉邑村一户农商兼营的殷实之家。16 岁那年,由父母包办,回乡与小自己 2 岁的同乡姑娘向自芳成婚。其妻向自芳虽然不识字,但是忠厚贤淑、性格豁达。与马克昌成亲之后,她便挑起家庭重担,操持家务,侍奉老人。马克昌虽然和妻子受教育程度不同,但从未歧视过妻子。结婚三年以后,经长辈同意,马克昌将妻子接到昆明同住。在此期间,他买来课本和字典,上学之余,便教妻子识字。丈夫教得仔细,妻子学得认真,夫妻二人夫唱妇随,琴瑟和鸣。多年以后,每每回忆起丈夫在灯下教自己识字的情形,向自芳依然感觉温馨如故。

---

[1]　雨花台烈士陵园管理局编:《雨花英烈家书》,南京出版社 2016 年版,第 8—9 页。

1929年4月,马克昌和向自芳的女儿出生了。在妻子临盆前,马克昌并没有让妻子像那个时代绝大多数妇女在家中生产,而是特意安排妻子住进了医院。每天一下课,他便赶到医院陪陪妻子。丈夫对自己和孩子关怀备至,体贴入微,向自芳倍感幸福,对丈夫的眷恋也日益加深。

1929年,党组织指示马克昌前往上海。临行前,他抱着女儿亲了又亲,为了不让妻子伤心,他悄悄地离开,并没有与深深爱怜着的亲人告别。马克昌在上海开展革命活动期间,曾托人带回一张与友人的合影和一封信,信中他让自己的兄弟好好照顾嫂子和侄女,对妻女的爱恋跃然纸上。

(四)革命友情

在白色恐怖更为严重的国民党反动统治中心的南京,蓝文胜与李昌祉是南京宪兵系统中共地下特别支部的两位核心人物,领导地下党员开展了震惊反动营垒的革命斗争。

蓝文胜,1906年11月7日生于湖北广济县新庙蓝家湾一户普通人家。1925年于广济县立高等学校毕业。受大革命潮流的影响,带着对帝国主义侵略和军阀混战的愤恨,怀着拯救贫弱国家和贫苦民众的抱负,蓝文胜毅然投笔从戎。1927年,蓝文胜在黄埔军校秘密加入了中国共产党。此时的他,与学长李昌祉结下了革命生死情谊。李昌祉,1906年生于湖南省嘉禾县盘江乡石马李家村,是黄埔军校第4期学员,中共党员。在反对校内国民党派别势力的斗争中,李昌祉与蓝文胜有着共同语言及行动,彼此支援,心照不宣。

1928年,蓝文胜和李昌祉在南京不期而遇。两位战友久别重逢,喜不自胜,互诉衷肠。当失去联系的蓝文胜颇感痛苦,李昌祉劝慰道:"首要问题,要在南京站住脚。宪兵不是一般部队,是国民党的亲信'御林军',千万别暴露自己过去曾参加过共产党。只要耐心,早晚会找到家里人的……"蓝文胜从李昌祉的话中感觉到他与党组织有联系,心里便踏实起来,从此与李昌祉联系密切。李昌祉从蓝文胜倾力支援家乡革命中,体会到他对党和革命事业的忠心耿耿。

1931年春,中共江苏省委军委决定在南京宪兵队建立中共地下特别支部。该支部由已打入宪警队任教官的李昌祉代表省委军委直接领导,李昌祉还兼任特支宣传委员;时任宪兵第1旅旅部上尉副官的蓝文胜出任特支组织委员。经过蓝文胜和李昌祉等人的努力,南京宪兵系统中共特支发展到20多位党员。蓝文胜亦虚心向李昌祉学习地下工作经验,他们齐心协力,勠力同心,积极工作,从不计较个人工作得失。不幸终于降临,因"军警联合大暴动"发动失败,宪兵系统地下特支处于极度危险中。1932年8月,李昌祉被捕;9月18日前后,蓝文胜在苏州被捕。特支的党员和所联系的群众被捕达30余人,成员损失殆尽。特支被捕的同志,先后在宪兵教练所当过学员,深受蓝文胜、李昌祉等人革命思想的影响,此时蓝、李二人大义凛然,也坚定着他们的群体意志,鼓舞着他们在狱中与敌人继续斗争。1933年2月12日清晨,蓝文胜从容而坚毅地走在最前面,以军人的步伐走向死亡。特支有蓝文胜、李昌祉等25人英勇就义。

二、从"小我"到"大我"

古人讲"修身、齐家、治国、平天下",修身居于首位。"修齐治平"是一个完整的人格成就途径,是由内及外、从个体到家庭再到国家、天下,个体道德外化的过程不断充实完善,进而达到化成天下的境界。雨花英烈面对万贯财富,面对亲情爱情,面对所有常人的拥有和追求,为了国家、民族和人民,他们最终选择了一条荆棘丛生的道路,以小我成全大我,舍私情拥抱公义,最终高歌走向敌人的刑场,用生命阐释了共产党人的人生观、义利观。在生死攸关之际,以坚定的信仰为后盾,威武不屈,舍生取义,实现了从"小我"到"大我"的升华。

(一)书香门第革命人

陈处泰,1910年生于江苏省宝应县,其祖父陈务人是当地著名画家。陈处泰作为陈家的长孙,自然而然受到家族的特别重视。然而,生于经济富裕家庭、享受小家庭甜蜜的陈处泰并没有为简单物质享受和个人的家庭所束缚,他有着更高的追求。1928年,陈处泰顺利考入安徽大学预科社会科学部,在此期间,他热衷于学习马克思主义,便加入安徽大学地下党秘密发起组织的马克思主义研究会,以便更好地宣传革命理论和组织群众运动。后因学潮运动的牵连,被开除学籍并受到通缉。由于国民党特务和军警的搜捕,家族中的一些人对陈处泰颇为不满,纷纷指责他"专门闯祸事,连累家庭,是不孝之子",并赶他出门。陈处泰到了上海之后,家族不再给予经济上的接济,生活相当艰苦。他不得不接受朋友的帮助以及妻子微薄的工资收入以稳定生活,随后他继续宣传马克思主义,政治上亦趋于成熟,逐渐具有了鲜明的阶级立场,对马克思主义的信仰越发坚定。1935 年 11 月,因刺汪案牵连被捕,并遭受到严刑拷打,陈处泰展现了革命者的铮铮铁骨:打断了双腿,打不断共产党人的坚强意志。成长于书香艺术门第、家境颇为富裕的陈处泰,为了共产主义革命事业和对马克思主义的信仰,与家里断绝关系,不断结识志同道合的同志,最终为了革命事业献出了生命。

蔡寿民,生于湖南常德的一个书香门第。在耕读家风的影响下,蔡寿民好学上进,于 1919 年考入湖南省立甲种工业学校,学习纺织科。他早年丧父,其叔父蔡湘为湖南教育界知名人士,蔡寿民受其叔父照顾颇多。读书期间,年轻的蔡寿民并非埋头书斋、不谙世事,而是崇尚社会进步、关心时代风潮。1922 年 10 月 8 日,湖南全省工团联合会第一次筹备会在长沙召开,会议选举蔡寿民等 16 人为筹备委员。此后,蔡寿民在工团联合会工作,并于 1924 年加入中国共产党。1931 年底,党组织派蔡寿民到南京开展革命工作,而此时的南京是国民党统治的中心,也是白色恐怖最严重的地方。蔡寿民并未多加思索,立即前往南京着手工作。蔡寿民到南京稳定之后,便请亲友将家眷接至南京,一家团聚,得以短暂享受片刻天伦之乐。此时,蔡寿民已经是 4 个孩子的父亲。妻子饶女士深知丈夫工作的意义和艰险,理解并支持他。然而,短暂的温馨并未持续很长时间。1933 年 8 月,由于叛徒出卖,蔡寿民被国民党特务秘密逮捕。直至 1934 年 3 月,家人才收到蔡寿民在镇江监狱早已写好的信:"革命胜利我是看不到了,我没有做完应做的工作,你好好把孩子带大,让他们继承我的事业。"生于书香门第,本该拥有一个安逸舒适、荣享天伦生活的蔡寿民,却甘愿为了革命事业和理想,舍弃家庭,舍生为民,流尽最后一滴血。

(二)抛家舍财为革命

朱杏南,出生于江南一个富庶小镇。1919 年,五四运动的风潮传播到夏港这个江南小镇,朱杏南满腔热情地投入到声援活动中。1921 年,他组织了"夏港同学会",推崇"启发民智,普及教育"。在朱杏南的资助下,该会先后创办了阅览室、暑假补习学校、俱乐部,增办小学,捐资校舍,使穷苦出身的孩子免费入学,并给予适当补助。1927 年,全国反帝反封建运动蓬勃开展,朱杏南深受鼓舞,积极投身于农民运动,于 1927 年加入了中国共产党,此后当党内经费较为困难时,朱杏南就每月从家中取钱作为革命活动经费。

她是清末封建豪绅家族的千金,又是封建礼教的勇敢的彻底的叛逆者,苦苦追求独立人格、民族精神、现代文明、解放真谛,因此她先后不得不与自己的父母、婆家两个封建大家族决裂。她就是中共南京地委成员中第一位女性——陈君起。陈君起生于上海嘉定县南翔镇,父亲陈巽倩是清末进士,后做京官、经商,成为一方豪绅巨贾。陈君起从小饱读诗书,深受中国传统文化熏陶,同时接受最初的现代启蒙教育。进入上海务本女子学校师范科读书后。她从丰富的中华民族宝贵的历史文化中摄取了丰富的精神营养,从进步报刊中了解国家大事,逐渐确立起爱国、民主、进步、自由、婚姻自主等新思想。陈君起时常阅读《新青年》《向导》等马克思主义刊物。这些刊物宣传的革命思想,深刻地教育并影响着陈君起,使她决心推翻几千年来的封建专制制度,为广大妇女的彻底解放而奋斗终生。1924 年底,经谢远定介绍,陈君起正式加入中国共产党。她忠诚积极、知性稳重、阅历丰富,备受同志们的尊重和信任。入党后,她的家居安里 20 号就成了秘密的中共南京地委机关通信和联络地点。中共早期领导人之一恽代英、著名革命家萧楚女等来南京指导革命斗争时,都曾到过这里。由于跟家族关系决裂,生活日渐困窘,陈君起曾因贫累交加而病倒。南京和记洋行罢工斗争开始后,为救济罢工工人,她分工募捐工作,向女工发放救济费等,忙得废寝忘食。1927 年,为了抗议蒋介石的倒行逆施,陈君起等发动组织群众示威游行,竟遭惨烈镇压,陈君起等 10 人亦被捕入狱,惨遭杀害。

(三)舍弃小家为大家

1927 年蒋介石发动四一二反革命政变,姜辉麟目睹了她所敬仰的侯绍裘、张应春等共产党员被国民党反动派杀害,悲愤交加,挣脱封建家庭束缚,离家别子,加入共产党,承担党的机密文件及弹药武器的运送。曾有人问到她为何下得了如此狠心? 她率真地答道:"有人认为革命的出发点是'爱',而我认为是'恨'。我恨旧社会的一切,要用革命来打它个落花流水,把它彻底摧毁!"姜辉麟参加革命时已是四个孩子的母亲。在过去旧社会中,把革命看作是造反的,更遑论一个女子去参加革命,简直被认为是荒唐透顶的事情,因此姜辉麟被人指责成一个不贤不德的人,对自己亲生的儿女毫无爱怜之情,简直狠心极了。其姐姐姜兆麟认为,在白色恐怖严重及恶劣环境之中,受封建压迫而未经解放的弱女子,敢于冲出藩篱干革命,而且丢掉老母、丈夫和亲生子女,这是常人所不能及的,恰是非常勇敢的。

萧万才,1880年生于江苏阜宁一户贫苦人家。成年后不久,其一双儿女相继出世,在给这个家庭带来欢乐温馨的同时,也为萧万才带来了更重的生活担子。1923年,他带着全家来到上海闯荡,以拉人力车及做苦工为生。其女儿虽自小聪明伶俐,但因无钱入学,萧万才只得将女儿送至缫丝厂做工。深受剥削和压迫的萧万才,积极参加地下组织领导的进步活动,较快地接受了反帝反封建的革命思想,政治觉悟不断提高。因其坚定的政治立场,认真的工作态度,稳重的行事风格,机敏的应对能力,萧万才在工人中威信极高。1932年,在白色恐怖严重的上海,他被秘密吸收加入中国共产党,他家成为中共江苏省委的一个秘密联络点。妻儿负责保管和传递党的文件和革命材料、散发传单、联络同志等工作。尤其是女儿萧明虽然只有14岁,却已经是中国共产主义青年团团员,一边在缫丝厂做工,一边秘密担任共青团闸北区委妇女部长。1932年,萧万才和他的女儿在参加江苏省反帝代表大会,被国民党军警抓捕。敌人为了逼萧万才招供,便当着他的面给萧明上刑,多方折磨。萧万才看在眼里,痛在心头,但他始终强忍着,不说一句话。看到自己年轻的女儿在严峻的斗争中经受住考验,既坚贞不屈,又胆识过人,萧万才感到无比欣慰。萧明虽因证据不足,却还是以危害民国罪被判处死刑,只因未满18周岁,减刑至18年。萧明的哥哥萧明山,被判处有期徒刑12年,他们的母亲萧郎氏,被判交保释放。而萧万才被判处死刑,于1932年10月1日凌晨英勇就义。

第 六 章

雨花英烈为民牺牲的大无畏精神

特殊的群体,蕴含着独特的品质。雨花英烈是新民主主义革命时期成千上万先烈中的一个特殊群体,他们的英勇事迹和人生轨迹标定了党的使命,诠释着雨花英烈特有的品质,即为民牺牲的大无畏精神。"此身早许国,被卖作楚囚。壮士非无泪,不为断头流! 一颗为民心,万古终不泯。身心献党国,一死何足愁!"这是曾任新四军联络部部长朱克靖烈士在狱中留下的誓言。为人民谋幸福,他们不惜付出生命,这就是雨花英烈坚毅、无畏的意志品质。为了救亡图存,雨花英烈选择了危险、劳顿、清贫的革命生涯,在惊涛骇浪的革命大潮中,他们始终战斗在党最需要、革命最危急的重要关头。雨花英烈敢于面对随时可能到来的被捕、酷刑、铁窗,以压倒一切敌人、战胜一切困难的大无畏英雄气概,矢志推动中国革命不断走向胜利。特别是大革命失败后,在敌人的血腥屠杀面前,雨花英烈奋起与国民党反动派抗争,用鲜血和生命践行了"人民至上"的马克思主义价值观,充分彰显了共产党人为民牺牲的家国情怀和大无畏的革命品质。

第一节　为民牺牲

"牺牲精神"是指为实现一定的理想和目标,甘愿牺牲个人利益、小团体利益甚至献出自己生命的一种精神。在一个坚定的共产党员的精神世界中,为了人民而不畏牺牲是必不可少的内涵,在人民利益面前,怕失去、怕吃亏、怕牺牲是不可能为党和人民的事业冲锋陷阵,也不可能做到忠贞不渝、革命到底、战斗到底的。在新民主主义革命时期,无数共产党人和爱国人士,为了寻求真理,为了民族独立与解放,付出了艰辛努力和极大牺牲。南京雨花台,一座美丽的山岗,难以计数的烈士忠骨埋在了这里,他们用生命和鲜血抒写了富贵不能淫、贫贱不能移、威武不能屈的崇高品德,铸就了伟大的雨花英烈精神。他们以天下苍生幸福为念,人民至上,始终把人民放在心中最高位置,就能排除私心杂念,不计较个人得失,为伟大而崇高的事业义无反顾、一往无前。雨花英烈并非不食人间烟火,他们有情有义、有血有肉,渴望爱情的甜美、家庭的幸福、亲人的团聚。但其最大的爱是爱人民,最根本的追求是实现人民幸福。在民族危亡之际,他们把对国家、民族和人民的大爱,置于个人和小家之上,以牺牲追求理想,以青春、热血和生命书写了壮美篇章,彰显了卓越的雨花英烈精神。

一、利益诱惑面前不动摇

雨花英烈中的许多人当时正值青春年华,却义无反顾地抛洒鲜血,为远大理想矢志不渝奋斗。面对家庭误解,面对利益诱惑,面对白色恐怖,在亲情、友情、爱情与国家民族大义之间,他们做出了毅然决然的人生选择。在血与火的革命战争年代,在艰难困苦和挫折失败面前,革命者们从不悲观失望,面对威逼和利诱,将革命进行到底的意志永不动摇。

"国不可不救。他人不肯救,则惟靠我自己,他人不能救,则惟靠我自己。他人不下真心救,则惟靠我自己。"这是五四运动期间,恽代英1919年5月19日日记中的一段文字。恽代英,1895年出生,祖籍江苏武进,出生于湖北武昌。中国共产党创建时期的重要领导人,著名的政治活动家、理论家、青年运动领袖。1921年加入中国共产党。1930年5月6日,恽代英在杨树浦韬明路附近的老怡和纱厂门前等人时不幸被捕;次年2月,被转押到南京江东门外中央军人监狱关押。当他的身份暴露后,蒋介石闻讯,特意让外甥王震南带了一张恽代英在黄埔军校时期的照片前来劝降。王震南对恽代英说:"你是国民党中央执行委员,是中国青年的领袖,是国家的杰出人才,我们很器重你,你能回来工作,绝不会亏待你。"恽代英的回答是:"我是共产党员,必须革国民党反动派的命。这就是我现在的庄严任务。"威胁和利诱,都不能使恽代英屈服,蒋介石下达了"立即就地枪决"的手令。1931 年 4 月 29 日中午,恽代英在南京国民党中央军人监狱被害,为自己心中的伟大理想献出了生命,时年 36 岁。①

　　1926 年,年仅 17 岁的徐楚光考入黄埔军校武汉分校后,1927 年 4 月,在白色恐怖最严峻的时刻,毅然加入了中国共产党。"大事者,与国与民,有大利也,我当为国民而生,亦当为国民而死。"这是徐楚光在黄埔军校武汉分校读书时在日记中所写的一段文字,表达了他追求真理、兼济天下的宏大志向,为改造社会、振兴中华而努力奋斗,并愿意为此付出生命的坚定情怀。在此后的 15 年里,徐楚光服从党的派遣,在北方敌营专门从事策反工作,并取得了显著成绩。1947 年 9 月,由于叛徒告密,徐楚光在武汉被捕。敌人用高官厚禄来收买他,请出他的族叔、在国民党内任要职的徐佛观来劝降他,并委任他为保密局特种政治问题研究组第二组少将副组长,但徐楚光始终毫不动摇。1948 年 10 月 9 日,徐楚光牺牲于南京保密局看守所内。②

　　17 岁那年,李耘生便开始了他的革命生涯。1923 年,在中共山东党组织创始人王翔千的介绍下,他加入了中国社会主义青年团。1924 年 2 月,在中共一大代表王尽美的介绍下加入了中国共产党。8 月,任团济南地委书记。1932 年 2 月,由于中共南京市委书记王善堂和军委书记路大奎等被捕叛变,南京党组织遭到第七次严重破坏,形势异常紧张。李耘生在送走妻子章蕴之后,前往游府西街党的一个接头地点时,被早已埋伏在那里的便衣特务抓住,敌人随即送到南京宪兵司令部看守所。宪兵司令部看守所位于瞻园路,看守所的政治犯案均由国民党中央党部过问,后转军法处处理。敌人的监狱对每一个共产党员都是严酷的考验场。在证实了李耘生的身份之后,敌人对他软硬兼施、百般利诱、酷刑拷打,逼他交代出党的秘密。李耘生毅然决然选择坚守心中的信仰,无愧作为一名共产

---

　　① 参见雨花台烈士陵园管理局编著:《初心永恒:雨花英烈话语解读》,南京出版社 2018 年版,第 18 页。
　　② 参见雨花台烈士陵园管理局编著:《初心永恒:雨花英烈话语解读》,南京出版社 2018 年版,第 135 页。

党员的初心。

经朱德介绍,1923 年许包野加入中国共产党,成为旅欧支部的一名先锋战士。1932 年 3 月,许包野抵达厦门。不久,他被任命为中共厦门中心市委书记。从此,他卓有成效地领导了厦门和闽南十几个县的革命活动。许包野担任领导期间,厦门中心市委所属闽南地区 10 多个县市的革命运动蓬勃发展,党员发展到近千人,厦门地区的"反帝大同盟""革命同济会""赤色工会"等组织纷纷建立,漳州、泉州、安溪的游击队有了很大发展。1934 年 10 月,由于中共河南省委遭受破坏,党中央又调许包野到河南任省委书记,化名"老刘"。1935 年 2 月,因叛徒出卖,许包野被捕。在南京宪兵司令部看守所,敌人妄图降服他,先是用金钱美女诱惑,后又用高官厚禄拉拢。当这些手段失败后,敌人采取了最残忍的酷刑,用竹签扎进他的手指,用辣椒水灌进他的鼻子、眼睛,用小刀割破他的耳朵,扎进他的大腿、小腿,把他折磨得皮开肉绽、头破腿断。许包野铁肩担千钧,大义薄云天,宁死不屈,保持了一个共产党人的高贵气节。敌人没有从他口中得到任何东西。1935 年,受尽折磨的许包野牺牲于狱中,壮烈就义。

雨花英烈们面对敌人威武不能屈、富贵不能淫的高尚情操对当今投身于社会主义现代化建设的共产党员具有重要的榜样作用。做品行最佳的共产党员,即要求党员干部淡泊名利。在平时,要不断加强个人修养和党性锤炼。正确对待名与利、得与失,牢固树立宗旨意识,不争名于朝,不逐利于市,在利益诱惑面前遏制住私欲。共产党员唯有加强个人修养,保持良好的思想品德,追求崇高的思想境界,才会站得更高,看得更远,想得更深。做作风最硬的共产党员,即要求党员干部要严谨操守,耐得住寂寞,守得住清贫。当前,各种腐败之风无孔不入,像糖衣炮弹一样无时无刻不在袭击我们广大党员干部,不少人因此"中弹落马"。因而,党员干部在各种诱惑面前一定要做到不乱方寸,严谨操守,洁身自好,保持自己清正廉洁的形象。要防微杜渐,不以恶小而为之,时刻站得住脚、稳得住神,坚持原则,否则一失足成千古恨,不仅毁了自己,也损坏了党在人民群众心中的形象。

二、摧残迫害下不妥协

雨花台革命烈士中,除少数是在 1927 年之前牺牲于北洋军阀孙传芳统治时期及南京沦陷时期,绝大多数牺牲于南京国民政府统治时期。而革命烈士牺牲于国民政府统治时期又有两个高峰,一是 1930—1934 年,二是 1948—1949 年。1930—1934 年正处于第二次国内革命战争时期,国共两党处于激烈对抗的状态,国民党对于坚贞不屈的革命者往往处以极刑。而 1948—1949 年正处于国民党在大陆的统治面临全面崩溃的前夕,出于对失去大陆统治权的恐惧,国民党当局的镇压也格外严厉和疯狂,处在垂死挣扎的状态,革命烈士在这一时期也大量牺牲在敌人的屠刀之下。

1933 年 5 月 15 日,党的早期领导人邓中夏在上海法租界不幸被捕,一进牢房就遭到严刑毒打,难友们看到他身上到处是电刑烤焦的伤痕,不禁伤心流泪,邓中夏不仅没有畏惧,反而坚定地安慰、鼓舞大家:“敌人对我们必然是残酷的。敌人只能伤害我们的肉体,却不能摧毁我们的革命意志,更不能动摇我们忠于马列主义的信念。”之后他被国民党从法租界斥巨资引渡到上海国民党公安局,最后又押解到南京。面对敌人的酷刑,邓中夏总是毫不屈服,“你们就是把我焚成灰烬,我还是一个共产主义者”。不管是敌人劝降还是严刑拷打,邓中夏都始终没有泄露半点党的机密。“一个人不怕短命而死,只怕死得不是时候,不是地方。中国人很重视死,有重于泰山,有轻于鸿毛。为了个人升官发财而活,那是苟且偷生的活,也可叫做虽生犹死,真比鸿毛还轻。一个人能为了最多数中国民众的利益,为了勤劳大众的利益而死,这是虽死犹生,比泰山还重。人生只有一生一死,要死得有意义,死得有价值。”[①]这既是中国共产党早期著名工人运动领袖邓中夏在狱中写下的遗言,也是雨花英烈和许多革命后继者身上的共同特质。正如毛泽东所说:“以中国最广大人民的最大利益为出发点的中国共产党人,相信自己的事业是完全合乎正义的,不惜牺牲自己个人的一切,随时准备拿出自己的生命去殉我们的事业”。雨花

---

① 参见南京雨花台烈士陵园管理处史料室编:《雨花台革命烈士故事》,江苏人民出版社 1983 年版,第 97 页。

英烈中除邓中夏外,还有谭寿林、侯绍裘、何宝珍等等,都是其中的典型代表。尽管他们都英年早逝,壮志未酬,但这种"不惜牺牲自己个人的一切"的虽死犹生的精神,却一直激励着无数后继者继续前行,也一直在检验着谁才是真正的共产党员。

谭寿林,1896 年出生于广西省贵县三塘乡谭岭村一个农民家庭,7 岁开始读书,1917 年考入贵县中学,读书用功,成绩优异。1926 年,谭寿林等人掀起了声援省港大罢工的高潮。在这次活动的最后,谭寿林发表了演说,发布提案:罢工工友应负起国民革命先锋队之使命,强固组织,奋斗到底;全国革命民众应一致拥护复工条件及予以充分之援助,以鼓励国民革命的先锋队,巩固革命战线;国民政府对于省港罢工工友,应善为爱护,以鼓励其革命勇气。提案一经宣布,群众热烈高呼,表示赞同。生活中的谭寿林省吃俭用,将自己的生活费定为每月不得超过 3 元,将省下来的生活费用来帮助困难同志。父亲年老体弱,家中其实非常困难,谭寿林因工作特殊,无法给予其相应的照顾。对此,谭寿林内心十分愧疚,但还是在给父亲的信中表明了自己为民服务的革命理想,即为了大多数人民的幸福,不可计较个人和家庭的得失。1931 年 4 月,在全国总工会秘书处从事技术工作的谭寿林因叛徒出卖被捕。在狱中敌人对他施以老虎凳、反上吊等各种酷刑,他宁死不屈,没有泄露任何党的机密,5 月牺牲于南京雨花台。1962 年,谭寿林所著《俘虏的生还》一书再版,他那曾任监察部部长、中共中央监察委员会副书记等职的夫人钱瑛触书生情,写下《再读〈俘虏的生还〉》一诗,诗曰:

生还何处寄萍踪,骤雨狂风肆逞凶。
几度铁窗坚壮志,千番苦战表精忠。
丹心贯日情如海,碧血雨花气若虹。
三十一年生死别,遗篇再读忆初逢。

陈理真,又名履真,1906 年出生于安徽省萧县庄里镇龙虎峪村的一个农民家庭。他天资聪颖,以优异的成绩考入江苏省立第七师范学校。毕业后,陈理真在萧县任教。1928 年,他在刘亚民、秦雅芬的介绍下加入了中国共产党,立下了出生入死为党工作的决心。虽然此时,轰轰烈烈的大革命早已因蒋介石叛变革命、疯狂屠杀共产党人和革命群众而失败,全国陷入白色恐怖之中,萧县党组织也遭到破坏,有的党员被杀害,有的党员离开了党组织,但陈理真没有彷徨,依然在异常严峻的形势下加入中国共产党。陈理真先后到萧县、徐州和上海等地参加革命工作。1932年10月,因叛徒出卖在徐州被捕,后被押解到南京宪兵司令部看守所。在南京的监狱里,敌人对陈理真实施了鞭打、烙铁、老虎凳等酷刑,满身伤痛的陈理真没有屈服。一天,在国民党中央党部工作、曾是陈理真在江苏省立第七师范学校读书时的班主任老师去探望陈理真,老师劝道:"理真,你主要的错误是你没学好三民主义,误入歧途,今后你要好好研究三民主义啊!"对于昔日师长的"教诲",陈理真神情从容,态度坚决地笑道:"三民主义我不止看一遍,也不知道看过多少遍。深知三民主义不能救中国,只有共产主义才能救中国。"这位老师后来对陈理真的同学感叹道:"自古来烈士贞女事同一理,能否坚持,只在一念之差,今理真意志坚定,矢志不移,我看他一定要成仁了。"面对劝降,陈理真对变节分子说,"我血管里流着中华民族的血,生就钢筋铁骨,决不当叛徒!""共产党员的心是你们这些叛徒永远也理解不了的!""怕死就不干共产党,你给我滚!"临刑前,刽子手问他:"如果现在放你出去,你将干什么?""干共产党!"陈理真斩钉截铁地答道。1932年11月,陈理真在雨花台英勇就义。

　　雨花英烈被捕后,难免受到敌人的严刑拷打,在敌人的酷刑面前不屈服、不妥协,充分体现了雨花英烈顽强不屈、百折不挠的精神。刘雪亮被捕后,始终没有向敌人泄露任何党的机密,敌人认为他"极端顽固",每次审讯都施以酷刑,甚至对他施用电刑,有一次敌人甚至用两枚大铁钉把他的双手钉在墙上,他血流如注,数次昏死,却毫不屈服,表现出共产党人的顽强意志。在国民党首都关押期间,师集贤多次受到严刑拷打,但他严守党的秘密。一次敌人将他的一只大拇指捆住吊起,挥舞皮鞭上下抽打,逼他招供。师集贤知道自己身份暴露,他将个人生死置之度外,把一切都承担下来,以此掩护其他同志的安全,他说:"我是共产党员,其他人什么都不知道。今日我犯到你们手里,唯愿一死,休想我出卖自己的朋友!"敌人百般折磨,用尽酷刑,师集贤昏死数次,决不屈服,不透漏任何党的机密。卢志英被捕后因拒绝交出共产党员名单,敌人对他动用"老虎凳""火烙""绞头""电椅"等酷刑,以及几天几夜不准休息的"精神刑法",但他毫不动摇,决不屈服。杜秀山、袁鸿鸣等八名共产党人被捕后,拒不承认自己的身份,敌人命令刽子手们取来钢针,一根根刺进他们的手指,并用小榔头敲打钢针,但他们都决不屈服。不少雨花英烈被捕后,敌人都曾以高官厚禄、金钱美色诱惑,但他们始终不为所动,不向敌人泄露任何秘密,表现出对共产主义、对党无比的忠诚。

三、用生命诠释信仰的力量

信仰是雨花英烈精神的核心,雨花英烈们对共产主义学说高度信服与景仰,并以之作为自己的价值准则和行动指南。他们一生致力于为共产主义而奋斗,为了共产主义事业奔走于刀山剑林。雨花台是革命者的殉难地,是对信仰的终极检验场,革命者用生命践行了对信仰的选择与追寻。为民是信仰的根基所在。正如一座大厦要有深厚的根基才能立得久稳,信仰的最高精神境界是为劳苦大众、为大多数人服务。共产党人的初心即是"为中国人民谋幸福,为中华民族谋复兴",为人民谋幸福与为民族谋复兴是一个问题的两个方面,只有实现民族复兴才能最终保障人民幸福。面对列强侵扰、民不聊生,首先又必须赢得民族独立、人民解放。英烈们知道自己的初心所在,知道革命需要抛洒热血,依然奋不顾身地投入救亡运动之中。在他们的书信、遗作中,随处可见深切的为民情怀,"一颗为民心,万古终不泯"[1]。"为着大多数人的幸福的缘故而流血,而牺牲,这是十二分值得的啊!"[2]

理想信念高于天。理想信念在革命战争年代是增强党的凝聚力和战斗力的根本保证,坚定理想信念是中国共产党对每一位党员提出的基本要求。在南京及周边地区的白区斗争中,绝大多数地下党都能够坚守自己的理想信念,保持对共产主义和对党的忠诚。需要指出的是,被捕前雨花英烈坚持共产主义理想信念不动摇、坚持革命到底,这是其他革命精神

---

①　中共江苏省委党史工作办公室等编:《雨花魂》,中共党史出版社 2015 年版,第 89 页。

②　中共江苏省委党史工作办公室等编:《雨花魂》,中共党史出版社 2015 年版,第 304 页。

也可以体现的。但是被捕后受尽折磨,甚至被送上雨花台,仍能够对共产主义充满信心,这就体现出雨花英烈理想信念的无比坚定性。敌人是把雨花台作为屠杀共产党人示众的断头台,而雨花英烈们却将这断头台变成了对共产主义事业的宣讲台。他们之所以能够有这种常人所难以具备的大无畏牺牲精神,其背后正是信仰的力量在支撑。正如习近平总书记所指出的那样:"对马克思主义的信仰,对社会主义和共产主义的信念,是共产党人的政治灵魂,是共产党人经受住任何考验的精神支柱。"[①]对马克思主义的坚定信仰和以它为指导是共产党人的政治标识,共产党人正是因为有了对马克思主义的坚定信仰,才被赋予了赴汤蹈火也在所不辞的革命勇气。邓演达在狱中严词拒绝蒋介石的威逼利诱:"政治斗争是为国为民,绝无个人私利存乎其间。我们的政治主张绝不改变,个人更不苟且求活。"[②]信仰的力量使他们视死如归。

1927年7月,张炽秘密赶往江西南昌国民革命军第三军政治部,参加中共领导的南昌起义,后又随部队撤离。由于天气炎热,物资供应十分困难,加上不断遭到国民党军队的阻击,部队减员严重,一些人思想出现波动。逆境中,张炽关心和照顾周围同志,并以自己的亲身体会鼓励大家:"我从云南出来真不容易,跟随马帮,打着火把走了几天几夜。爬山是不能歇的,越歇越没劲。革命也好比爬山,爬一步高一截,如果爬到半山折回去,那就再也爬不到山顶了。"起义失败后,张炽和其他同志一起化装潜入香港,因生活无着,又身染重病,处境十分窘迫。革命的道路虽然艰难曲折,但是张炽的心中始终燃烧着共产主义理想之火。

1934年牺牲的中共河北省委书记施滉烈士,在大学学习期间,接受并选择了马克思主义,成为中国留美学生中最早的共产党员之一。大学毕业后,他面临着两种选择:一种是继续留在美国学习获得博士学位,然后谋得一份好的职位;另一种就是回国参加革命斗争。施滉毫不犹豫地选择了后者。1933年1月,施滉担任中共河北省委书记。同年7月不幸被捕,次年被国民党当局杀害。在革命低潮的危急关头、在身陷囹圄的考

① 中共中央文献研究室编:《十八大以来重要文献选编》(上),中央文献出版社2014年版,第115页。
② 中共江苏省委党史工作办公室等编:《雨花魂》,中共党史出版社2015年版,第53页。

验面前,这群革命先烈从未动摇对共产主义的坚定信仰、对党和人民事业的必胜信念,并为之战斗不息,直至献出生命。牺牲在雨花台的革命烈士在信仰给予的力量的支撑下都交付了各自严肃认真的人生答卷。他们坚信无产阶级的真理,坚信自己从事的事业是正义的、是一定要胜利的,并在崇高信仰的引领下选择了牺牲。疾风知劲草,板荡识诚臣。信仰的魅力莫过于对道义的坚守,信仰的真实莫过于最后的斗争。他们在革命危急关头的坚持和牺牲,用信仰诠释入党宣言,为共产主义事业奋斗终身,显示了共产党人坚定的理想信念和对党对人民事业的无比忠诚。

雨花英烈精神最集中、最突出、最震撼人心的也是“真信仰”。有了真信仰,就会有正确的世界观、人生观、价值观,就会把“人活着是为了什么”这个根本问题想通想透。唯有对信仰真选择、真认同、真践行,才能在有限的生命长河中不断拓展人生价值的宽度和厚度,用信仰之石筑就人生和事业的长城。雨花英烈在选择革命这条人生道路中,不畏艰险,迎难而上,不屈抗争。这个过程是曲折而艰难的。他们大多从寻求救国救民之真理,到“践行改造社会的理想蓝图”,积累经验,在艰难困苦的探索中坚定理想信念。

第二节　大无畏精神

纵览雨花英烈的伟大事迹,他们始终战斗在第一线,身先士卒,成为人民的表率,遇到危险时勇于承担责任,绝不出卖同志,保护人民安全;许多烈士始终以实现人民幸福为己任,放弃个人荣华富贵,为大家舍小家,以牺牲生命践行了入党为民的诺言;还有许多雨花英烈工作在隐蔽战线上,肩负的是党和人民的重担,死而后已,绝不言悔;一些革命者包括党的领导人因“左”倾错误的影响,受到不公正的对待,但他们临危不惧,忠于党,忠于人民,忍辱负重,冲锋在前,使白区的隐蔽斗争取得了巨大的成就。雨花英烈们之所以用必死的决心投身革命、献身革命,就在于他们把人生和理想深深扎入谋求民族振兴、人民幸福的基石之中。他们一切为了人民,因此也就拥有了为民牺牲的大无畏精神,这种精神代表着共产党人的立党宣言,具有与日月同辉的恒久价值和非凡的力量,值得所有共产党人永远汲取和继承弘扬。

一、武装斗争的壮烈

暴动是雨花英烈在白区展开的公开斗争。处于幼年的中国共产党还不能将马克思主义暴力革命理论与中国具体国情相结合,在暴力革命的尝试中,一度照搬苏联模式,盲目发动城市暴动。1929 年 6 月党的六届二中全会仍然认为,"党内政治斗争之主要方向是反对右倾",这就造成党内"左"倾错误被忽视和助长。普遍的武装暴动,使白区党组织不断遭到破坏。

1929 年 11 月,周恩来、李立三代表党中央参加江苏省委秘密召开的第二次代表大会。李立三在会上提出,已经出现了"直接革命的形势""可以有几省或一省割据的前途"。被迫执行上级指示的中共南京市委于 1930 年 5 月上旬成立南京市红五月行动委员会,"以组织政治罢工、同盟罢工,组织地方暴动并准备全国暴动作为行动纲领"。这些公开活动过早地暴露了南京地方党组织,使地下党的处境越发危急。当时,地下党员甚至在闹市区突然散发传单,在国民党政府对面的墙上用墨汁写大标语"七月十六日下午六时到夫子庙示威去! C.P.(共产党的英文缩写)"。虽然在这些暴动中,地下党表现得十分勇敢,反映了坚定的理想信念和大无畏的英雄气概,但在条件尚不具备的情况下公开宣战国民党,只会使更多无辜的革命同志受到逮捕和屠杀。

当时任南京市行动委员会书记的李济平为了使计划能够顺利实施,将生死置之度外,亲自到浦口等地检查暴动准备工作。7 月 29 日,李济平和其他五名党员干部在下关的一处指挥机关不幸被捕。这次武装暴动尚未发动起来,南京地下党组织就已经遭到了严重破坏,由于叛徒出卖,敌人加强搜捕,参与领导暴动准备的陈景星、石璞等人相继被捕牺牲。当时,包括叶刚、郭凤韶等人在内的、晓庄学院的十名年轻的学生为准备这次武装暴动献出了生命。本来取得一定成绩的南京地方党组织遭到严重破坏,一批南京地下党员为这次公开武装暴动的准备工作献出了生命。

对于李立三的错误观点,周恩来坚决抵制,多次批评"左"倾领导者,"最中心的缺点是在布置暴动上做文章",并去苏联共产国际汇报工作。

这次暴动终于在 1930 年 8 月下旬被共产国际制止。

　　到 1931 年党的六届四中全会以后,王明获得共产国际代表米夫支持,取得中央领导地位,错误地认为"立三路线"的错误不是"左"倾,而是右倾。"王明'左'倾教条主义完全接受了共产国际以城市为中心的观点以及苏联举行城市起义的革命模式,不恰当地夸大城市工人运动的作用,积极推行对中心城市的'进攻路线',试图通过中心城市的武装起义来达到一省或数省首先胜利的目的。"在以王明为代表的"左"倾冒险主义路线指导下,南京党组织继续组织党员群众公开斗争活动,并且要发动兵变和暴动。第二次"左"倾错误统治党中央长达四年之久,党在南京的工作损失严重,中共南京组织第七次遭到破坏,"这次破坏波及江苏省委所属的徐海蚌、长淮特委,300 多人被捕,100 多名优秀党员牺牲"。

　　公开的武装斗争是雨花英烈参加的重要斗争实践,是雨花英烈精神展示的舞台之一。不少雨花英烈生前都参加、领导过公开的武装斗争。翻开中国革命的历史画卷,中共第一位军人党员——金佛庄,是牺牲时间较早的雨花英烈。他曾经参加平定广州"商团"和滇、桂军阀杨希闵、刘震寰叛乱及讨伐广东军阀陈炯明部队的两次东征。为减少北伐伤亡,金佛庄主动请求回浙江、上海等地做策反工作,在准备乘船顺流东下时,不幸被捕,最终被孙传芳秘密杀害于雨花台。像金佛庄一样,在多地参加公开武装斗争的雨花英烈中,还有周子昆。他生于广西桂林,早年参加五四运动,1920 年入桂军。1925 年 6 月投身孙中山建国陆海军大元帅府铁甲车队,任班长。10 月加入中国共产党。11 月起任国民革命军第四军叶挺独立团排长、连长、营长、军官教导大队大队长。1927 年 8 月 1 日参加南昌起义,随朱德、陈毅转战闽赣粤湘边界。翌年 1 月参加湘南起义,4 月随军上井冈山。历任红军支队长、师长、军参谋长、红三军军长、红五军团参谋长、福建军区司令员等职。1934 年 10 月参加长征,任红军总司令部第 1 局局长。1937 年曾代理红军总参谋长,后任抗日军政大学训练部部长,12 月,任新四军副参谋长。1941 年 1 月,蒋介石集团掀起第二次反共高潮,调集 8 万军队,在安徽泾县茂林以东山区,对奉命北移的新四军军部及皖南部队 9000 余人发动突然袭击,制造了震惊中外的皖南事变。周子昆在突出重围、隐蔽在泾县蜜蜂洞待机北渡时,于 3 月 13 日被叛徒杀害。

全国解放后,1952年7月,经中央军委总政治部批准,华东军区派人寻找到周子昆等三位烈士的遗骸并移厝南京。三年后,在雨花台烈士陵园望江矶专门新砌成的庄严恢宏的墓园中,周子昆等三位烈士正式安葬。从此,他长眠在松柏环绕、肃穆静谧的陵园里,供后人永久瞻仰凭吊。2005年6月7日,《人民日报》《解放军报》在"永远的丰碑"专栏里,刊登新华社以《一切听从党安排》为题的专文,介绍周子昆在党指引下忠实奋斗的一生,赞扬他为中国人民解放事业作出的巨大贡献。

二、地下斗争的坚韧

白区地下斗争是雨花英烈的主要斗争形式。大革命失败后,毛泽东带领残余部队上了井冈山,建立了中国第一个农村革命根据地,开辟了一条"农村包围城市,武装夺取政权"的新型革命道路,在广大农村地区燃起了中国革命的"星星之火"。但白区革命斗争并没有中止,在中共中央的指示下,白区地下党组织发动群众进行了异常艰苦的地下斗争。"当年党的地下工作的最重要目标,是在政治上争取敌占区的人心。"①中共中央坚决抵制"左"的和右的错误,就这样在反动派的严密搜捕和屠杀之下,白区地下斗争逐渐开展起来。这些斗争实践主要有理论宣传、群众运动、发展组织和情报工作等。

第一,理论宣传。马克思主义者特别重视理论对实践的能动反作用,而理论只有被群众掌握,并与实践相结合才能发挥出应有作用。但群众掌握理论不是自发的过程,而是自觉的结果。群众不可能自发地产生和掌握先进的理论,列宁指出:"阶级政治意识只能从外面灌输给工人。"②雨花英烈生前大都参与过党的思想理论宣传活动。1928年下半年,李得钊在《红旗》报社担任编辑,还兼做团中央的工作。在此期间,他在《红旗》《列宁青年》等报刊上发表了许多文章,其中《文学革命与革命文学》一文曾转载于日本刊物。他应《列宁青年》编辑部之约,为该刊纪念十月

---

① 徐焰:《国共隐蔽战线较量真相》,《文史参考》2010年第22期。
② 《列宁选集》第1卷,人民出版社1995年版,第363页。

革命胜利 11 周年专号撰写了三篇重要文章,题为《列宁主义与托洛斯基主义》《十一年的苏联社会主义建设》《苏联共产主义青年团概况》。李得钊的文章尤为注重青年运动,对中国革命运动中的青年群体寄予了无限的希望。1929 年是五四运动 10 周年,李得钊在《中国学生以往的光荣和今后的去路——纪念"五四"运动》一文中,分析了当时的社会情形,指出了中国革命面对的国内外反动势力,进而把青年群体按政治取向分为几种类型,并呼吁:"在一切这些情形之下,青年学生应该走那一条道路呢?我们共产主义者,对于那些公开反动的学生当然无话可说;对于站在共产主义旗帜下的学生加紧其对革命的信念,使更努力的工作;对于那些徘徊歧路的学生,也希望他们能够认清人类历史之演进必须归结到共产主义,认清现时的反动统治决不能长久,新的革命高潮不可避免的要到来,决然走上革命的道路,为中国工农及劳苦群众的解放而斗争。"曾为中国左翼文化界总同盟书记的陈处泰,为党的宣传和理论斗争同样作出了重要贡献。陈处泰在上海法政学院就读期间,他经常到工人群众中宣传马克思主义,并组织暨南大学等高校的读书会,指导大学生学习《资本论》《辩证唯物论》等革命著作,并开办书社,出版进步书刊,进行理论宣传。这一部分革命者将马克思主义作为他们最先进的思想武器,在白色恐怖笼罩的城市地区,深入群众,进行了卓有成效的理论宣传工作。雨花英烈在白区的理论宣传工作,使马克思主义理论被更多人了解接受,共产主义也成为地下党和革命群众开展地下斗争的精神动力和精神支撑。

第二,群众运动。人民群众是实践的主体,是历史的创造者。只有敢于和善于发动人民群众,革命才能取得成功。近代中国特殊的国情决定了中国革命的中心应该转向农村,在城市地区则要适时地组织和发动包括工人阶级在内的一切群众进行斗争。在南京及周边地区,这里的地下党在党中央的正确领导下,先后开展了多种形式的群众运动,主要有工人运动、学生运动、商人运动、妇女运动等,以及周边农村的农民运动。1926年 10 月到 1927 年 3 月的上海工人三次武装起义,谢文锦、侯绍裘、孙津川都是重要的组织者和领导者。在反帝罢工和示威游行活动中,他们革命热情高涨,到处宣传演说,领导组织工人游行示威,完全把个人生死置之度外,反映出雨花英烈不怕牺牲、甘于奉献的高尚品格。1925年8月,国民党江苏省党部在上海成立,张应春被选举为省党部执行委员兼妇女部部长。当时国民党江苏省党部除反帝反军阀外,还须同国民党右派作斗争。张应春到职后,立即深入基层调查研究,动员群众,组织队伍,统一安排了全省的妇运工作。当国民党右派悍然解散上海妇女运动委员会时,张应春十分愤慨,与杨之华日夜奔走,重新筹建上海妇女运动委员会,使江苏省妇女运动蓬勃开展。鉴于张应春在革命斗争中的表现,同年11月,她当选为中共江浙区委妇女运动委员会委员和中国济难会全国委员会委员。1925年11月,张应春由侯绍裘介绍,经中共江浙区委批准,加入了中国共产党。她在年底写给柳亚子的信中说:"我认为入了党,当然以党为前提了,一切多可以牺牲的。……革命是我的唯一依靠。"为了扩大革命宣传,提高广大妇女的觉悟,张应春决定创办刊物《吴江妇女》。经中共江浙区委批准,《吴江妇女》于1926年3月8日国际妇女节创刊,张应春为主编。她在创刊号上撰文《国际妇女纪念日与吴江妇女》,文章指出:"难道我们起来反抗就要杀头么?难道我们怕了杀头,就不要解放么?哼!我不信。我们吴江的妇女没有死尽,就要来为自己的自由,为自己的经济独立,为社会上、法律上、教育上,求种种的平等,而在这国际纪念日来联络全世界的战线奋斗,向压迫阶级进攻!"她深刻揭露段祺瑞政府镇压爱国运动的行径,热情赞扬爱国青年的革命精神,表示要以刘和珍等女烈士为榜样,为革命流血牺牲。

第三,发展组织。党组织是党的革命斗争活动的基础和前提。列宁曾经指出:在资本主义社会,无产阶级要战胜在经济、政治、文化上都占统治地位的资产阶级,"除了组织外,没有别的武器"。在中国半殖民地半封建社会下,要反对强大的敌人,工人阶级政党必须组织起来,形成强有力的组织。1927年以后,国民党的反动屠杀政策使得中国共产党在白区的地下党组织多次遭到严重破坏,恢复和发展党组织成为白区地下党员的重要任务。十年内战期间,南京地方党组织的发展异常艰难。从1927年4月到1934年12月,中共南京组织一共经历了两次较为严重的"左"倾错误,遭遇八次破坏、八次重建。其中谢文锦、黄国材、孙津川、黄瑞生、王文彬、李济平、李耘生、顾衡等人先后担任南京地方党组织的领导职务,很多人在负责党组织工作时被捕牺牲。1933年6月,党组织派顾衡到南京担任中共南京市特别支部书记,此前中共南京地方组织遭遇了第七次破坏,特别支部只剩八九名党员。为了发展组织,他经常穿着破旧的工人装,跛着在太和指挥均粮斗争时受过伤的腿,背着以摆书摊作掩护时用的书架,往来于南京浦口、下关、城区,深入基层,日夜奔忙。他组织党员在南京的工厂、码头、军事机关及学校等处进行革命活动,成立读书班、储蓄会、工程学会、反帝大同盟等进步组织;派党员在爱国知识分子中进行工作,参加读书会,并通过读书会的上层关系营救九名被捕同志出狱。长期的日夜辛劳,使顾衡睡眠严重不足,加上营养不良,他的身体十分虚弱、疲惫,但他没有一句怨言。同事在他吃饭时给他加一两个菜,他抗议道:"党的经费这么困难,你们可千万不要浪费啊!"他自己十分节省,但对有困难的同志却非常关心和慷慨,把大家紧紧地团结在一起。尽管行动十分不便,但他仍然坚持深入基层,日夜奔忙,终因叛徒泄密被捕。顾衡一生对党忠诚、尽职尽责,为党和人民奉献了宝贵的生命。

第四,情报工作。情报工作是白区地下斗争的重要内容之一。南京地处国民党统治的中心地区,也是敌人机密信息所在地。周恩来作为白区情报工作的奠基人和指挥员,领导南京、上海地方党员开展了卓有成效的情报工作,在十年内战、抗日战争、解放战争时期都发挥了重要作用。十年内战时期,是南京及周边地区党的情报工作的初创时期。1927年11月,中央特科在上海成立,它是当时中国共产党保卫党的各级组织、保卫党中央安全,获取情报的专门机构。1928年,在中央特科专门设立了主持情报工作的二科,陈赓化名王庸担任科长。特科成立不到两年,就利用各种复杂关系"渗透"到南京各国驻华使馆、国民党通讯社和其他党政机关,掌握了敌人的要害部门,截获了敌人的大量机密。蓝文胜、李昌祉是南京宪兵系统中共地下特别支部的两位核心人物,经过二人努力,南京宪兵系统中共特支不仅发展了20多位党员,还团结了一些外围群众,形成了地下革命团体。他们暗中传递情报,营救被捕同志,出色完成了一系列任务。冷少农曾任国民党训练总监部与军政部秘书,为红军第三次反"围剿"传递机要情报。这些潜藏在敌人内部从事情报工作的共产党员,不仅有勇气、有智慧,而且对党无比忠诚,为了共产主义理想、为了党和人民的事业,他们作出了巨大牺牲。徐楚光纵横敌营二十年,为了执行上级指令,不顾个人安危,多次出色完成任务,为革命工作作出了巨大贡献。这些奋战在敌人心脏的情报工作者,随时有被敌人发现的危险,但他们早已将个人生死置之度外,为了共产主义理想,为了革命事业,他们做好了牺牲的准备。①

三、坚持狱中斗争

狱中斗争是雨花英烈斗争的重要组成部分,是对党的白区斗争具有重要影响的斗争实践。能否坚持狱中斗争,直接关系到党的革命事业的成败。林秀英在龙华看守所期间,曾任国民党陕西省财政厅负责人的父亲为其打通关系,要其自首出狱,林秀英当即断绝了父女关系,表现了一个共产党人的革命气节。杨振铎被关在南京国民党中央军人监狱期间,抓紧机会学习理论和外语。曾多次为了坚定难友们的信念,开展政治宣传,鼓励大家团结起来,与反动派坚决斗争。他主张共产党员不要脱离群众、脱离斗争,他在监狱印刷厂做苦役期间,身边就团结了一批青年知识分子难友。不久,他联系同被转押南京的章阿昌(张炽)及同时被捕的陈开(陈洪)等人,秘密组建监狱党支部,领导狱中斗争,并与狱外的互济会取得联系。他们利用各种机会开展政治宣传,坚定难友们的意志。他参与领导难友们罢饭,反对虐待犯人,迫使狱方有所收敛。党支部还利用包药的小纸张出过小报,将互济会秘密传进来的党的指示和消息告诉难友们,并用互济会通过关系送进狱中的物品钱款接济难友们。杨振铎在家信中写过如下藏头诗,表达把牢房当战场的革命决心。

> 十年寒窗易铁窗,
> 年争日斗履冰霜。
> 监牢饮马长江水,

---

① 参见张静:《雨花英烈精神研究》,南京师范大学硕士学位论文,2017 年。

禁遏英雄逞豪光。①

加强狱中斗争,是保守党的秘密的需要。地下党一旦被捕叛变后,影响是非常恶劣的。1931 年 4 月下旬,协助分管党的保卫工作、掌握大量中共中央核心机密的中央政治局候补委员顾顺章在武汉被捕后叛变,不仅出卖了武汉地下党组织,还向敌人特务机关交代了党中央所有机关,恽代英就是因为顾顺章指认,身份才被暴露。叛徒叛变后,从事指认、作证、劝降等活动,对党的危害极大。因此,进行狱中斗争、开展革命气节教育,才能提高狱友抵御各种威胁诱惑的能力、有效抵制国民党的"自首自新"政策,减少叛徒数量,有效地保守党的秘密,维护党的利益。而且,坚持狱中斗争,是有效回击国民党反动派的需要。共产党人被捕后,必然会遭到严刑拷打,受尽皮肉之苦,这是国民党反动派摧毁共产党人和革命群众意志、瓦解革命力量的残忍手段,如果不坚持狱中斗争,单凭个人意志极容易被打倒。坚持狱中斗争的目的,就是要将狱友联合起来,保持革命斗志,有力地回击敌人。在南京宁海路 19 号看守所,杨斌受到敌人接连数月的拷打,身体严重垮掉,肺结核病急剧恶化,咽喉糜烂,不能进食。在生命的最后时刻,杨斌秉持高度的党性向陈毅、陈丕显写信,汇报了自己及任天石被捕后的境况,以及"同抱至死不变、始终如一的决心"报告了叛变投敌者出卖同志已造成的以及还会带来的破坏,"望通知江南党应特别提高警觉"。此信是他和任天石共同署名,由后来出狱的难友背诵转达的。

地下党进行狱中斗争是有明确目标的。只有目标明确,行动才能正确。狱中斗争最高目标是争取有利时机,早日出狱,继续革命。1937 年 7 月 7 日卢沟桥事变之后,为了挽救民族危亡,国共两党达成第二次合作,蒋介石同意释放政治犯,1937 年 8 月 18 日,夏之栩、熊天荆、王根英三人由周恩来同志亲自点名营救出狱。到 9 月 25 日,关押在"反省院"的女政治犯全部释放完毕。除了出狱的目标,还有改善监狱伙食待遇、改善生活条件、争取政治犯的权利、支援狱友等具体目标。1934 年 4 月,上海西郊

① 雨花台烈士陵园管理局编:《雨花英烈诗词》,南京出版社 2017 年版,第 90 页。

漕河泾监狱的政治犯为抗议狱中非人生活进行绝食斗争,最后得到了放风、洗澡、改善伙食等待遇,还迫使当局撤换了监狱长。汪裕先被捕后,化名陈石卿。起初他被关押在国民党苏州陆军监狱,不久被押解到上海淞沪警备司令部,被判刑13年。同年10月21日,他和200名政治犯被押往苏州监狱关押。不久汪裕先被定为政治要犯,从苏州监狱转到南京国民党中央军人监狱,同恽代英等人关在一起。在狱中,汪裕先没有消极悲观,而是对革命胜利充满了信心和期待,他与同志们组成狱中秘密党支部,领导和组织大家开展绝食斗争,争取政治犯的权利。张炽在南京国民党中央人民监狱期间,曾经组织狱中秘密党支部,并联合狱友进行革命气节教育,告诫难友不要向敌人屈服,发动全监狱难友进行罢饭斗争。后来,由于有的监狱因叛徒出卖,狱中党支部整体遭破坏,不再组建狱中党支部。

　　黄瑞生,安徽六安人。1918年,考入安徽省立第三甲种农业学校,在校期间参加五四爱国运动,任校学生会副会长。1922年毕业后,考入西北大学。1924年,因反对学校反动当局被开除,转赴北平求学。在京接触中共地下组织,担负外围宣传工作。1925年,被派往南京参与南京英商和记洋行工人罢工事件调查。同年秋,考入北京农业大学,在校秘密加入中国共产党,任农艺系中共暨共青团地下支部书记。1926年三一八惨案后,被派往黄埔军校学习,参加北伐战争。后在中共中央机关工作。在中共南京市委领导下,根据中共六大精神,黄瑞生积极投入到克服"左"倾盲动主义错误、争取和组织群众、逐步恢复和发展党组织的工作中。他乔扮客商,以洽谈生意为名,机敏地在工人、学生、自由职业者、国民党军校学员中摸情况,找关系,建立感情,进行宣传,培养力量,物色骨干,推进工作。在黄瑞生和市委全体人员的共同努力下,到1929年2月,先后恢复和发展了沪宁路工人支部、国民党中央陆军军官学校特别支部等19个地下支部,有163名地下党员,稍后还建立起地下城南区委。黄瑞生身负重任,回到南京。他化名张姓,在城中杨将军巷1号,租赁一间不起眼的小屋作为党的机关,秘密开展工作。他亲自介绍来宁读书、住在北正街的湖南长沙青年余汛宇加入中国共产党。危机接踵而至。5月,王昭平被捕后叛变,供出了南京市委秘密发展起来的分布于中央军校等多处军事系统的地下组织,还供出了黄瑞生等人及其住处。国民党首都警察厅根据叛徒提供的线索,一面派人搜捕市委领导人及地下党员,一面派特务暗中监视中央军校等处中共地下组织的活动,伺机行动。当月18日,不知发生叛变情况的黄瑞生秘密前往国民党中央军校开展工作,夜宿明星旅社19号客房、原北平一同学住处时,被中央军校训练处科长任某侦悉告知国民党,黄瑞生不幸被捕。余汛宇也在18日晚于杨将军巷1号机关被捕。他俩被转解江苏省高等法院待审。同时,中央军校等多处的中共地下组织也被敌人破获。中共南京市委遭受到第四次破坏。在法庭上,黄瑞生拒不承认自己是黄瑞生,敌人无计可施,只好以嫌疑重犯之名,对他判处有期徒刑18个月,解送吴县国民党江苏省第三分监囚禁。第三分监是一所人间地狱。狱方对政治犯不仅看押极严,还以克扣口粮、随意加镣、毒打等多种方式,进行虐待迫害。为了改善待遇,黄瑞生在狱中秘密领导了绝食斗争。一天早餐时,难友们"掷碎碗钵,宣布全体罢饭",狱中十字监的难友坚持到当天深夜,一、二看守所余汛宇等难友坚持到第二日午后。惊慌失措的敌人派出军警进驻监狱镇压。由于组织严密,敌人找不到指向黄瑞生的任何证据,遂对他以"在场助势增援""激动彼等公愤"作结,将原羁押两日折抵徒刑一日的判决作废,延长了他的刑期,后将他转押镇江监狱。1930年8月间,黄瑞生在镇江监狱再次组织难友们进行斗争。由于叛徒出卖,他被作为重犯转回南京囚禁。9月20日夜,领导南京人民革命的黄瑞生,在生命最美好的年华,终将一腔热血抛洒在南京的土地上!黄瑞生在狱中多次组织狱中斗争,将监狱变成革命的第二战场,誓死与敌人斗争到底,表现出不畏牺牲的高贵品格。

四、刑场上

"满天风雪满天愁,革命何须怕断头?留得子胥豪气在,三年归报楚王仇!"这是雨花英烈恽代英慷慨赴死时吟诵革命先烈杨超的诗句,激励了无数后辈!雨花英烈在刑场上英勇无畏、视死如归的豪迈气概不仅激励了革命者,也震慑了敌人,甚至赢得了敌人的敬畏,认为共产党人有种,个个不怕死。如果信仰不坚定,为了苟且偷安,便会脱离党甚至变节,而雨花英烈用自己的生命抒写了富贵不能淫、贫贱不能移、威武不能屈的伟大和崇高,他们与那些变节求荣者形成了鲜明的人格反差。毛泽东在张思德的追悼会上指出:"人总是要死的,但死的意义有不同。中国古时候有个文学家叫做司马迁的说过:'人固有一死,或重于泰山,或轻于鸿毛。'为人民利益而死,就比泰山还重;替法西斯卖力,替剥削人民和压迫人民的人去死,就比鸿毛还轻。""中国人民正在受难,我们有责任解救他们,我们要努力奋斗。要奋斗就会有牺牲,死人的事是经常发生的。但是我们想到人民的利益,想到大多数人民的痛苦,我们为人民而死,就是死得其所。"生与死本是相辅相成的,正如没有生就无所谓死一样,如果没有死亡就没有新生。民族和国家利益是每个人的根本利益,在民族危难、国家危亡之际,唯有自我牺牲,才能解救国家和民族以及自己的父母亲人的苦难,这种牺牲是换得更多的人得以新生的必需,因此,此时的死就意味着生。

正如雨花英烈史砚芬临刑前给他的弟弟妹妹们的信中所言:"我的死是为着社会、国家和人类,是光荣的,是必要的。我死后,有我千万同志,他们能踏着我的血迹奋斗前进,我们的革命事业必底于成。故我虽死犹存。"人的自然生命总是有限的,而对生命有自觉意识的人类决不会受有限性的局限,生命的意义就蕴含着对有限自然生命的超越上,其中对精神生命塑造和追求便是一个重要的超越方式。雨花英烈们是为救国救民而献身的,他们的牺牲必然会唤醒更多的人起来打碎反动、落后的旧世界,因此,他们死得其所,重于泰山,他们用青春的生命铸就了流芳千古的永恒,实现了自我生命的伟大超越。瞿秋白同志在临刑前曾淡然地对记者说:"睡觉是小休息,死亡是大休息。"甘愿为革命理想抛家舍业,奉献出宝贵的青春和生命。他们矢志不移,无怨无悔,为信仰赴汤蹈火,英勇对敌,从容赴死的无畏精神永垂历史,他们谱写出了共产党人对信仰的无悔抉择。

罗登贤,广东南海人,1925年加入中国共产党,曾参与组织领导省港大罢工和广州起义。1928年6月在中共六大上当选为中央委员、中央政治局候补委员,1929年1月任中共江苏省委书记。1929年8月任中共中央组织部副部长。1931年任中共中央驻东北代表兼中共满洲省委书记,领导东北抗日运动。1932年任全国总工会上海执行局党团书记。1933

年3月底,罗登贤在上海公共租界山西路出席全国海员工人会议时,由于叛徒出卖,与廖承志、陈赓、余文化等5人同时被捕,关押于老闸捕房。罗登贤被捕后,上海法院对他进行公开审判。叛徒出庭指证了罗登贤的政治身份和党内职务,法庭认定罗登贤"反动"。罗登贤很气愤,他在法庭上有一段慷慨陈词,至今读来都令人荡气回肠:"你们说我反动吗?让我来说说我的经历吧,我曾在大革命时代领导过反帝大罢工;我曾在东北发动了抗日游击战争,打击日本强盗;最近我刚从东北回来,又领导了上海日本纱厂工人的反日大罢工。我的一切行动都是反帝爱国的,谁敢说我反动?"罗登贤的这一段陈词感动了在场的人。由于这次逮捕与审判遭到各方面的非议,法庭方面也没有任何罗登贤的"犯罪"证据,只能把他移解到国民党上海市公安局。8月29日,屡遭刑而坚贞不屈的罗登贤在南京雨花台英勇就义。赴刑场前敌人问罗登贤有何遗言,罗登贤从容地说出了自己的肺腑之言:"个人死不足惜,全国人民未解放,责任未了,才是千古遗憾!"罗登贤牺牲后,上海出版的《中国周报》发表文章,称赞:"在中国革命运动史中,罗登贤的名字将永远是光辉灿烂的!"1935年中共中央发表的《八一宣言》称罗登贤为民族英雄。

王崇典,1903年出生,安徽涡阳人。1927年加入中国共产党。1928年5月因参加南京台城秘密会议被捕,在审讯中,王崇典沉默寡言,只承认自己加入了中国共产党,曾任过国立中央大学的支部书记。不久,在酷刑折磨下,他染上了伤寒,连续两个月卧地难起。当父母来探监时,痛哭流涕地要他认错出狱,他默不作声。弟弟来探监时,他对弟弟说:"人总是要死的,只要革命能够成功,我就是死了,还是有意义的,将来一定会有更多的青年投身革命斗争。"①1928年5月,济南惨案发生后,日本侵略者的肆意焚掠屠杀激起了全国人民的强烈愤慨。王崇典、齐国庆立即组织国立中央大学的党员、进步青年向国民政府请愿,当天就有1000多名学生参加了请愿,高呼"对日经济绝交""恢复民众运动"等口号。频繁的革命行动引起了反动当局的高度注意,南京特别市公安局局长孙伯文下令

---

① 中共涡阳县委党史资料征集办公室:《"为了革命成功死也值得"——王崇典烈士传略》,《涡阳县党史资料》1985年第4期。

密查此事。二人时刻处于高度的危险之中,但依旧为争取更多人加入革命阵营、待机发动武装暴动废寝忘食地四处奔忙,挑起了宣传思想和发动工作的大梁。王崇典被捕后,关押在首都卫戍司令部看守所里。他遭到严刑逼供却视死如归。面对早已预料到的死亡,他沉着冷静。1928 年 9 月 27 日,中秋节前夜,天将拂晓,首都卫戍司令部看守所里一片混乱。随着士兵匆匆集合的脚步声和看守的开锁声,一束刺眼的手电筒光照进牢房。"余晨华(即史砚芬)、齐国庆、王崇典、李昌汾出来!"看守长喊道。当他们被押出中华门时,王崇典对齐国庆说:"老齐呀,我们的事业没有成功,没想到就这样分手了。"在雨花台刑场,王崇典、齐国庆等人高唱《国际歌》,从容就义。他们在革命危难时刻的坚守与牺牲,在个人生死抉择时的忠诚与乐观,谱写了一曲荡气回肠的慷慨壮歌。

为民造福是共产党人崇高思想行为的基本动因和逻辑起点。支配雨花英烈英勇行为的是他们心中的伟大信仰,成就雨花台革命烈士伟大人生的是以天下为己任的英勇斗争,而崇高信仰的选择和确立,英勇奋斗的动力和实践,均来源于他们对人民的深厚感情和责任担当。牺牲在雨花台的共产党人,无论出身富家还是家境贫寒,无论是担任党的重要领导职务还是普通党员,热爱人民、解救人民、造福人民是他们投身革命、选择信仰、奋斗牺牲的缘起和动因。变革旧制度、救民于水火、彻底改变中国人民的悲惨命运,是近代以来中国先进分子的一个重要思想特征,它是千百年来中国社会民本思想的传承,也是近代以来实现民族复兴的使命。毛泽东同志撰写的人民英雄纪念碑碑文,把"反对内外敌人,争取民族独立和人民自由幸福,在历次斗争中牺牲的"人们界定为人民英雄,就是对包括共产党人在内的近代以来的先进分子伟大业绩和精神本质的高度概括。

雨花英烈的家庭背景各不相同,但考察他们的生平,就会发现他们都有浓厚的民本思想。这种思想,既得益于民族优秀传统文化的教育和熏陶,更来源于他们自身的生活体验和对当时社会的观察。心中装着人民,革命充满自觉,人民成为雨花台烈士英勇奋斗的终极理由。视人民为父母,使共产党人的奋斗和中国革命的宏伟事业充满人性的温度。党的十九大报告指出:"中国共产党人的初心和使命,就是为中国人民谋幸福,为中华民族谋复兴。"①"我们党深刻认识到,实现中华民族伟大复兴,必须推翻压在中国人民头上的帝国主义、封建主义、官僚资本主义三座大山,实现民族独立、人民解放、国家统一、社会稳定。"②可见,中国共产党人的初心和使命包括两大方面的内容,一是为中国人民谋幸福,二是为中华民族谋复兴。在当时的历史背景下,实现中华民族伟大复兴又必须首先推翻压在中国人民头上的三座大山,为了实现这一伟大使命,共产党人必须随时准备牺牲,大无畏精神里的"大无畏"一词,是每一位英烈经过价值观权衡后将人民放到了比个人利益乃至个人生命更为重要的地位。心中装着人民,为谋求人民的幸福,寻找正确道路,确立崇高理想,英勇奋斗牺牲,就是共产党人的思想逻辑和行为逻辑,只有把这个起点找到、找准,共产党人的人生轨迹才能不发生偏差,党的事业才能无往而不胜。

---

①　习近平:《决胜全面建成小康社会　夺取新时代中国特色社会主义伟大胜利——在中国共产党第十九次全国代表大会上的报告》,人民出版社 2017 年版,第 1 页。

②　习近平:《决胜全面建成小康社会　夺取新时代中国特色社会主义伟大胜利——在中国共产党第十九次全国代表大会上的报告》,人民出版社 2017 年版,第 13—14 页。

第　七　章

雨花英烈精神的当代价值与弘扬路径

第一节　雨花英烈精神的当代价值

"人无精神则不立,国无精神则不强。"①新时代中国特色社会主义伟大事业需要伟大精神的支撑与推动。年轻的雨花英烈们在革命的风雨长夜里,襟怀崇高的理想信念、高尚的道德情操以及为民牺牲的大无畏精神,为推翻旧世界、建立新中国战斗不止,直至英勇就义。他们不仅为中国革命事业的成功积蓄了力量,也对新时代全体中华儿女,尤其是中国共产党人以及高校大学生群体的价值判断和价值选择起到模范作用。雨花英烈精神作为中国革命精神谱系中的重要一脉,彰显出坚韧的生命力,不会因为革命消退而消逝。随着时代的变迁,雨花英烈精神不断被注入新的时代内容,产生了新的时代价值。新时代仍然呼唤着雨花英烈精神。

一、推进中国特色社会主义伟大事业的精神引领

雨花英烈精神对新时代事业发展具有精神引领作用。这一革命精神尽管属于历史,属于过去,但对现实仍具有实践层面的意义。不同出身的雨花英烈们殊途同归,投身革命,为国家前途、民族命运牺牲自我,折射出耀眼的精神光辉,照亮实现中华民族伟大复兴中国梦的奋斗之路。雨花

---

① 习近平:《在纪念红军长征胜利80周年大会上的讲话》,《人民日报》2016年10月22日。

英烈精神中蕴含浓厚的爱国情感,能够指引新时代中华儿女在处理个人发展与国家繁荣的关系时,作出正确的判断。在风起云涌的革命年代,在国家生死存亡的关头,雨花英烈们致力于中国革命理论和革命道路的探索,不计得失,战斗不止。他们坚持国家利益至上,前仆后继,在当今复杂多变的市场经济环境中,这种精神对中国特色社会主义伟大事业发展具有重要的精神引领价值。

雨花英烈精神为中国共产党执政提供思想资源。在改革进入攻坚期和深水区的今天,社会矛盾多发叠加,社会阶层利益冲突复杂。中国共产党居于总揽全局、协调各方的领导地位,在实践"五位一体"总体布局、"四个全面"战略布局、人类命运共同体建设、深化供给侧结构性改革等系列治国理政新理念新思想新战略时,需要充分发挥自身的社会整合功能,协调各阶层关系,化解各种利益矛盾,凝聚中国力量实现中国梦。而中华民族的凝聚与团结,需要一定精神价值的传输和引导。雨花英烈精神生发于中华民族传统的爱国美德,贯穿于近现代中华民族崛起与复兴的历程,彰显了雨花英烈们忧国奉公的爱国情怀。用雨花英烈精神引领社会价值取向,能够激励中华儿女追寻英雄、仰望崇高,增强民族自信心和自豪感,实现伟大的中国梦。因此,在中国共产党执政新时期,亟须发掘雨花英烈精神的重要价值,为党治国理政提供精神支点。正如毛泽东所言:"在长期革命战争中,我们在正确的政治方向指导下,从分析实际情况出发,发扬革命和拚命精神……取得了伟大的胜利。搞社会主义建设,实现四个现代化,同样要在党中央的正确领导下,大大发扬这些精神。"[1]雨花英烈们来自不同阶层、不同出身,却凝聚一条心,为国家为人民奉献自己。他们为推翻旧世界,建立新中国英勇向前,牺牲自我,其精神中体现出的爱国主义、勇往直前、患难与共、万众一心,能够激励全体中华儿女团结奋斗,凝聚社会各个阶层的共识与力量。雨花英烈精神既是对革命精神的传承与弘扬,也是对新时代中国精神的开拓与发展。它能够有机地融入到治国理政的实践之中,为中国共产党执政提供思想资源,这是新时代党执政的宝贵精神财富。

---

① 转引自《邓小平文选》第二卷,人民出版社1994年版,第367—368页。

雨花英烈精神为中国特色社会主义建设凝聚力量。习近平新时代中国特色社会主义思想明确了中国特色社会主义事业总体布局是"五位一体",即经济建设、政治建设、文化建设、社会建设、生态文明建设;战略布局是"四个全面",即全面建成小康社会、全面深化改革、全面依法治国、全面从严治党;同时强调了要坚定"四个自信",即道路自信、理论自信、制度自信、文化自信。这个"明确",让我们对新时代中国特色社会主义建设有了清晰而全面的认识,也为我们追寻能够推进中国特色社会主义建设的精神力量提供了指导。中国特色社会主义事业的发展,需要强大的精神力量来支撑。正如习近平总书记所言:"我们要建设的社会主义现代化强国,不仅要在物质上强,更要在精神上强。精神上强,才是更持久、更深沉、更有力量的。"[1]雨花英烈精神就是这样一股强大的精神力量,它来源于近代中国革命的实践之中,又符合新时代诉求。天下兴亡、匹夫有责的爱国情怀,团结人民群众、为人民谋幸福的人民情怀,以及努力拼搏、奋勇向前的实干精神等都是雨花英烈的高尚品质。袁咨桐的话正是最直接最生动的体现:"我们各有着不同的处境,有人在忍辱顺受,有人在观望徘徊,有人在勇往直前。一个人到了不怕死的地步,还有什么顾虑的?有了这种舍己为公奋斗的精神,还怕理想事业不能成功?"新时代中国特色社会主义事业的奋力推进,需要中华儿女具备舍小我之心,兴大我之志。当前中国处于社会主义初级阶段,共产主义尚未实现,革命仍要继续。当然已不再是暴力革命,而是渐进式改革。在改革开放的攻坚阶段,社会主义建设既需要物质支持,也需要精神支撑。经历了多个历史阶段的雨花英烈精神体现出厚重的时代价值,它所蕴含的爱国、团结、实干等精神始终是中国发展的动力之源。

雨花英烈精神为中国梦的实现提供精神动力。为了实现中华民族伟大复兴的中国梦,中国共产党制定了科学严谨的战略安排:建党一百年时,全面建成小康社会;新中国成立一百年时,建成富强民主文明和谐美丽的社会主义现代化强国;实现"两个一百年"奋斗目标,进而实现中国

___

① 习近平:《在纪念五四运动100周年大会上的讲话》,人民出版社2019年版,第11页。

梦。在这一伟大征程中,需要强有力的精神去激励人们为之奋斗。雨花英烈精神诞生于中国人民追求民族复兴的征程中,凝聚了实现中国梦所需的中国精神与中国力量,为中国梦的实现提供了强大的精神激励。其一,雨花英烈为国为民,舍生取义,引导人们为了中华民族伟大复兴作出正确选择。年轻的马克思在《青年在选择职业时的考虑》中写道:"人只有为同时代人的完美、为他们的幸福而工作,自己才能达到完美。""如果我们选择了最能为人类而工作的职业,那么,重担就不能把我们压倒,因为这是为大家而作出的牺牲"①,雨花英烈们作出的就是这样的选择,如恽代英所言:"我身上的磷,只能做四盒洋火。我愿我的磷发出更多的热和光。我希望它燃烧起来,烧掉古老的中国,诞生一个新中国。"雨花英烈们虽然家庭背景和社会身份不同,但都为了人民幸福这一梦想拧成一股绳去奋斗拼搏。他们的精神之中包含为国家富强、民族振兴、人民幸福而奋斗的精神,能够为新时代全体中华儿女助力中国梦的实现提供精神激励。其二,雨花英烈昂扬奋进,激扬青春,鼓舞人们在实现中国梦的征途中勇往直前。不同出身的爱国进步青年本着一颗爱国之心,为了同一个目标共同奋斗。他们的精神闪耀着不朽的光芒,照亮后续的革命、建设与改革事业。尽管雨花英烈已逝,但雨花英烈精神并没有随之消逝。雨花英烈精神历久弥新,在决胜全面建成小康社会,夺取新时代中国特色社会主义伟大胜利的进程中,更加凸显出其重要的时代价值。它作为革命精神谱系中的一脉,和其他革命精神一样洗涤了中国人民的自卑感,恢复了民族自信心。它构成新时代全体中华儿女共同的思想基础,成为引领人们向前、社会发展的精神力量。在实现中国梦的征程中,雨花英烈精神必然能够鼓舞人心、引领未来。

二、树立全面从严治党的精神标杆

雨花英烈精神对新时代全面从严治党具有精神标杆作用。全面从严治党的核心问题是始终保持党同人民群众的血肉联系,保持党的先进性和纯洁性。回顾近百年的历程,中国共产党之所以能够历经重重困难并

---

① 《马克思恩格斯全集》第 1 卷,人民出版社 1995 年版,第 459 页。

取得最终胜利,关键就在于中国共产党是一支始终与人民风雨同舟、生死与共,勇于自我革命、不断进步的队伍。站在新的历史方位,党内外面临的挑战与矛盾愈加严峻与尖锐。新时代全面从严治党,更加不能忘记初心,要从党在成长与发展过程中不断形成的优良传统与作风中汲取精神力量。雨花英烈中大多数是共产党人,他们舍生为民,敢于牺牲,以为革命而死为荣,保持了作为党员的本色与风采,这正是广大党员干部学习的鲜活榜样。新时代共产党人在面临"四大考验""四种危险"时,决不能浮躁、懈怠、放弃,而是要发扬敢于牺牲、勇于向前的精神,不断自我革命,全心全意为人民服务。

雨花英烈精神是普通党员的学习楷模。即将迎来百年华诞的中国共产党已发展成为一个拥有 9500 多万党员的世界第一大执政党。每一名普通党员都是一个细胞,共同组成党的庞大肌体。细胞有生机,肌体才有活力,党的执政地位才会稳固。做新时代合格的党员,要做到政治合格、执行纪律合格、品德合格、发挥作用合格。政治合格,就是要加强党性修养,对党绝对忠诚。雨花英烈中有许多人都是早期的共产党员,他们是在党爱党、在党言党、在党忧党、在党为党的光辉典范。朱克靖在进入莫斯科东方大学中国班学习期间,积极组织开展各种党团活动,进行批评和自我批评,时刻以一名合格党员的标准剖析自身言行,锤炼党性。执行纪律合格,就是要知敬畏、存戒惧、守底线。全面从严治党的治本之策就在于加强纪律建设。纪律严人心齐,上下同欲者胜。雨花英烈们始终严守底线,宁可抛头颅、洒热血,也绝不背叛组织。以金佛庄为例,面对蒋介石用"浙江同乡"关系以及脱离共产党即给予重用的种种拉拢与暗示,他予以抵制、不为所动。全面深化改革的今天,全党需要坚守纪律的底线,勠力同心、团结奋进。品德合格,就是要讲修养、讲道德、讲廉耻。"正气存内,邪不可干",只有全体党员知耻明礼、品德高尚,政党才会永葆先进性和纯洁性。刘亚生不为敌人提供的职位诱惑和叛变妻子的离婚要挟所动,坚守住了作为一名共产党员的精神追求。临刑前,他说:"唯一值得自慰的是,我始终保持了共产党员这个称号的尊严。"通过雨花英烈精神的激励和鼓舞,能够启示新时代共产党员如何做好时代先锋、民族脊梁。发挥作用合格,就是即使身处平凡的岗位,也要发挥共产党员的先锋模范作用。《中国共产党章程》明确规定：
"中国共产党党员是中国工人阶级的有共产主义觉悟的先锋战士。"①任
何一名普通党员都能够在自身所处的岗位发光发热,做对人民有益的事。
正如雨花英烈之中有医生、老师、学生等,他们忠于党、忠于人民,将自己
奉献给革命事业。雨花英烈精神无疑是中国共产党人初心力量的不竭
源泉。

　　雨花英烈精神是教育干部的生动教材。党的干部是党的事业的骨
干,干部的党性觉悟和德才状况关系着党在人民群众中的威信和形象,影
响着党的事业的发展。邓小平指出："对执政党来说,党要管党,最关键
的是干部问题,因为许多党员都在当大大小小的干部。"②习近平总书记
强调,"领导干部特别是高级干部必须加强自律、慎独慎微"③。新的历史
条件下,面对世情、国情、党情的深刻变化,一些干部疑惑了甚至动摇了。
他们中不乏认为马克思主义已经过时的人,也不乏揽权却不担责、逐渐脱
离群众的人。因此,新时代党的干部首先要坚定马克思主义信仰。恽代
英就是坚定的马克思主义信仰者和践行者。作为中国共产党创建时期的
重要领导人之一,恽代英毕生致力于马克思主义的传播。恽代英文才出
众。他以天下为己任的利群思想创办利群书社,在武汉开展新文化运动
事业;他先后主编《中国青年》《红旗》等刊物,揭露和批判国民党右派,宣
传中国共产党主张;他在革命的实践过程中上下求索,为传播马克思主义
而不懈奋斗,推进了马克思主义中国化、时代化、大众化的进程。恽代英
为真理而呐喊,为信仰而奋斗,其对马克思主义的毕生追求有利于增强政
治定力,是新时代党的干部学习的鲜活榜样。新时代党的干部还要保持
艰苦奋斗的传统,全心全意为人民服务。今天,长期和平安定的执政环境
保障了党的事业的顺利开展,但也使得其中一部分干部精神懈怠、意志迷
失,丧失全心全意为人民服务的热情,最终脱离群众。"人心是最大的政

　　① 《中国共产党章程》,人民出版社2017年版,第12页。
　　② 《邓小平文选》第一卷,人民出版社1994年版,第328页。
　　③ 《以解决突出问题为突破口和主抓手　推动党的十八届六中全会精神落到实处》,《人民日报》2017年2月14日。

治"①,干部"干"字当头,就是要脚踏实地为老百姓做事,不贪恋权力。正如邓中夏所言:"我要做公仆,我要联合同志,做到人人有饭吃、个个过富裕生活。我的目的是要为广大群众谋福利,绝不自私自利为个人单独谋财。"他说自己不做官,"做'官'的人,都是向老百姓敲骨吸髓的"②。雨花英烈的一言一行无疑构成了新时代党的干部树立正确观念、践行执政为民理念的生动教材。

雨花英烈精神是反腐倡廉的忠言良药。在全面开放的社会主义市场经济时代,党的执政环境愈加复杂,面临的执政考验也愈加严峻。利益多元和阶层分化、思潮涌现和经济发展,使得党的队伍中出现了少数贪污腐败分子,侵蚀党的健康肌体。因而,新时代全面从严治党的重中之重就是加强党风廉政建设和反腐败斗争。习近平总书记在党的十九大报告中指出:"我们党要团结带领人民有效应对重大挑战、抵御重大风险、克服重大阻力、解决重大矛盾,必须进行具有许多新的历史特点的伟大斗争,任何贪图享受、消极懈怠、回避矛盾的思想和行为都是错误的。"③坚持全面从严治党,要把政治建设摆在首位。"蓬生麻中,不扶而直;白沙在涅,与之俱黑。"政治生态环境是否风清气正,关系着党的根基是否稳固。只有纠正不正之风、遏制腐败行为,党内政治生态才能得到净化。新时代弘扬雨花英烈艰苦奋斗、忠诚坦荡、清正廉洁的精神品质,有利于营造人心顺、正气足的政治生态环境,使党内形成良好风气。雨花英烈中的一些人出身富裕,受过良好教育。显然,他们不是为生活所迫去参加革命,而是自动自觉选择流血牺牲。从他们走上革命道路那一刻起,就远离了原本安逸舒适的生活。在革命过程中,许多党员干部艰苦朴素,面对敌人的利益诱惑也毫不动摇。杨斌在担任苏中区党委秘密工作部部长期间,在党的地下工作站和同志们过着一样艰苦的生活。天气寒冷,他将毯子一分为二送给战友,外出工作也只有一碗阳春面充饥。徐全直被捕后,她母亲通过关系找人活动,当局答应只要她悔过自新就放她出去。徐全直斥责了

---

① 习近平:《在全国政协新年茶话会上的讲话》,《人民日报》2018年12月30日。

② 王树人:《老一辈无产阶级革命家的人生典故》,《先锋队》2010年第17期。

③ 习近平:《决胜全面建成小康社会　夺取新时代中国特色社会主义伟大胜利——在中国共产党第十九次全国代表大会上的报告》,人民出版社2017年版,第15页。

劝降的典狱官,宁为革命死,不为活命生。黄励被捕后亦义正词严道:
"我黄励绝不贪生怕死,不要用什么自由、职位来引诱我","任何的压迫、
利诱都见鬼去吧!"雨花英烈精神汇聚的榜样力量正是新时代所需。它
不仅影响了当时的人们,也构筑了当代的中国精神,激励广大党员干部为
民务实、廉洁从政,使党更加团结统一、行动一致。

三、坚定青年理想信念的精神导向

　　雨花英烈精神对新时代青年学生坚定理想信念具有精神导向作用。
理想信念是消除迷茫,达到理想人生的催化剂;信仰则是理想的制高点。
雨花英烈们既有普通人的欢喜忧愁,也有超越普通人的信仰与担当。他
们坚定马克思主义信仰,胸怀崇高的理想信念,为革命事业慷慨就义。从
雨花英烈精神中诠释出的信仰至上,满足了一个时代的需要,对新时代解
决青年人尤其是高校大学生群体的信仰问题具有重大意义。新时代青年
应坚定马克思主义信仰,践行社会主义核心价值观,胸怀走中国特色社会
主义道路的信念,为实现共产主义理想而奋斗。

　　雨花英烈精神是坚定青年学生马克思主义信仰的光辉典范。马克思
主义作为关于全世界无产阶级和全人类彻底解放的学说,包含"唯物主
义的世界图景、共产主义的远大理想、为人民服务的根本宗旨、自由而全
面的人生追求"[1]四部分基本内容,具备科学性、革命性、批判性、价值性
等特质,是崇高的信仰。在风起云涌的革命年代,马克思主义信仰成为指
引雨花英烈们前进的灯塔。年轻的革命者们秉着"依照马列主义,发动
群众斗争"的决心,认定"一个人不是为一己而生,是为社会,为人类而
生,以最大多数之最大幸福为人生的最终目的、最大责任,而以尽此责任为
乐"[2]。他们视死如归,在实现了个人人生追求的同时,也为实现共产主
义远大理想作出努力与牺牲,这充分体现出雨花英烈们具有坚定的马克
思主义信仰。在日新月异的新时代,雨花英烈精神作为革命精神谱系中
的一脉,对新时代青年尤其是高校大学生的马克思主义信仰教育具有重

---

　　① 刘建军:《论马克思主义信仰的基本内容和主要结构》,《思想理论教育》2013 年第 3 期。
　　② 侯绍裘:《我们该做怎样的青年?》,《松江评论》1923 年第 24 期。

要的时代价值。信仰是指人们倾注了一定情感与意志的强大精神力量，具有引领思想、主导行为的重要作用。一旦出现信仰危机，就会导致对原有信仰的彻底背叛，进而危害个人发展，乃至国家安全和民族振兴。在当前错综复杂的国内国际新形势下，一方面，市场经济发展在为社会主义建设带来活力的同时，也为社会主义文化发展带来一定的不利影响，其自身诱惑力给高校大学生带来价值选择的考验；另一方面，中国的发展引起西方敌对势力的不满，它们试图通过所谓普世价值观、自由主义等观念的输出，对当代中国马克思主义进行渗透与颠覆。加之新媒体时代的发展，提高了青年学生辨别各类社会思潮的难度，导致出现信仰危机、道德缺失等问题。而雨花英烈精神发轫于近代中国人民为了实现民族独立和人民解放的伟大征程中，具有独特而深厚的感染力与号召力。它所蕴含的崇高理想信念、高尚道德情操以及为民牺牲的大无畏精神，起到了鲜活的价值典范作用，有利于提升高校大学生对于中国革命精神的好感与认同感，进而抵制和消解他们可能面临的信仰危机，坚定新时代中国人民的马克思主义信仰。

雨花英烈精神是培育青年学生社会主义核心价值观的壮丽样板。党的十九大报告指出，"社会主义核心价值观是当代中国精神的集中体现，凝结着全体人民共同的价值追求"[1]。要以培养担当民族复兴大任的时代新人为着眼点，强化教育引导，发挥社会主义核心价值观对国民教育、精神文明创建的引领作用，把社会主义核心价值观融入社会发展各方面，转化为人们的情感认同和行为习惯。以"爱国"为例，它作为社会主义核心价值观公民个人价值层面的第一要素，在革命先锋的言行之中有着生动的体现。胡秉铎在学生时代就立下"齐家治国平天下，由吾辈担当"的座右铭。朱克靖在狱中作诗抒发深切的爱国之情："此身早许国，被卖作楚囚。……身心献党国，一死何足愁！"罗登贤对前来探监的同志说："我是始终要为无产阶级利益奋斗的，我决定以我的生命献给革命，甚么也不能动摇我。"他在就义之前大义凛然道："我个人死不足惜，全国人民未解

---

① 习近平：《决胜全面建成小康社会　夺取新时代中国特色社会主义伟大胜利——在中国共产党第十九次全国代表大会上的报告》，人民出版社 2017 年版，第 42 页。

放,责任未了,才是千古遗憾!"①雨花英烈们的言行昭示了这样一个真理,即人们对于理想信念的追求愈加强烈,其实现个人价值的动力就愈加强大。他们义正词严,为了国家和民族大义慷慨赴死,推动了民族独立和人民解放的进程,正是个人价值得以实现的生动体现。由此诠释出的雨花英烈精神为新时代培育和践行社会主义核心价值观提供了丰厚营养,使社会主义核心价值观教育更加具有震撼人心、塑造灵魂的作用。毫无疑问,雨花英烈精神在历史发展轨迹中沉淀下来,随着时代的发展越发熠熠生辉,成为新时代培育和践行社会主义核心价值观的价值样板。高校大学生作为重要的担当民族复兴大任的时代新人,应当克服个人主义、思想浮躁等错误价值观念,在个人学习和实践过程中,以年轻的革命者为榜样,以雨花英烈精神为价值样板,树立正确的人生观和价值观,努力成为团结进取、乐于奉献的爱国主义青年。

雨花英烈精神是青年学生为实现共产主义远大理想而奋斗的强大动力。共产主义是历史发展的必然趋势。马克思认为,共产主义社会是"一个更高级的、以每一个个人的全面而自由的发展为基本原则的社会形式"②,是人类历史上最为美好的社会。只有在这样的美好社会中,广大人民才能真正获得自由与解放。中国共产党人将共产主义远大理想作为自身矢志不移的追求,坚信共产主义一定会实现。毛泽东阐释了走共产主义道路的必然性,在他看来,"全世界共产主义者比资产阶级高明,他们懂得事物的生存和发展的规律,他们懂得辩证法,他们看得远些"③。习近平总书记将对共产主义社会的追求提升到新的高度,强调了坚定共产主义远大理想和中国特色社会主义共同理想的有机统一。基于新时代基本国情不变而社会主要矛盾变化这一社会现实,中国实现共产主义仍是一个长期的实践过程。在这一过程中,高校大学生担任着社会主义建设者和共产主义接班人的重要角色,终将成为国家发展的中流砥柱。雨花英烈精神作为中国共产党带领具有共产主义信仰的先进青年进行革命创造出来的精神,在培育高校大学生忧患意识,激发他们的使命感与责任

---

① 中共中央党史研究室:《罗登贤同志的名字永远光辉》,《人民日报》2015 年 10 月 29 日。
② 《马克思恩格斯全集》第 44 卷,人民出版社 2001 年版,第 683 页。
③ 《毛泽东选集》第四卷,人民出版社 1991 年版,第 1468 页。

感等方面具有积极作用,有利于鼓舞新时代青年为实现共产主义远大理想而奋斗。正如孙晓梅所言:"只要我们肯努力,肯奋斗,肯牺牲,最后的胜利,一定是属于我们的。"①最后的胜利便是实现共产主义远大理想。雨花英烈们为实现这一理想,毅然投身革命,牺牲自我。邓中夏、恽代英、施滉、郭纲琳、丁香、徐全直……他们或出身富裕,却披荆斩棘,走向一条革命之路;他们或风华正茂,却砥砺前行,为革命事业开辟新天地;他们或失去家人,却直面至痛,誓为共产主义事业奋斗终生。他们的革命事迹生动体现了革命年代的青年人为绝大多数人谋利益,为实现共产主义远大理想而奋斗的崇高精神;他们的精神永垂不朽,对当代高校大学生实现人生价值,并最终实现每个人全面而自由的发展具有现实指导意义。雨花英烈精神固然是革命年代的产物,但并未局限于那一个时代。其蕴含的崇高理想信念、高尚道德情操以及为民牺牲的大无畏精神焕发出强大的生命力,超越时间限制,照耀新时代乃至未来,推动着新时代青年学生为实现共产主义远大理想而奋斗。

四、淬炼青年使命担当的精神激励

雨花英烈精神对新时代青年学生具有精神激励作用。战火纷飞的革命年代,雨花英烈们为了救亡图存而奋不顾身。在已知姓名的雨花英烈中,他们的平均年龄不足 30 岁。正值青春年华,却选择放弃自身一切,投入到救国救民的革命事业中,雨花英烈的英勇事迹感动了无数人,他们的精神汇聚成强大的正能量,激励新一代青年人履行肩负的历史使命,不断前行。"新时代中国青年的使命,就是坚持中国共产党领导,同人民一道,为实现'两个一百年'奋斗目标、实现中华民族伟大复兴的中国梦而奋斗。"②为实现这一使命,新时代高校大学生要珍惜韶华,不负青春,在学习马克思主义立场观点方法的同时,将所学知识应用到实践中,不断磨炼意志、锤炼品德,练就为中华民族伟大复兴中国梦而奋斗的本领。

---

① 俞华泰:《碧血化作千枝梅——孙晓梅》,《世纪风采》2016 年第 1 期。
② 习近平:《在纪念五四运动 100 周年大会上的讲话》,人民出版社 2019 年版,第 6 页。

雨花台书写雨花梦,激发青春正能量。经过思想洗礼和理性抉择,年轻的雨花英烈们将自己宝贵的青春献给党和人民,献给伟大的革命事业。在战场上,他们伤痕累累依旧誓言倔强;在监狱里,他们遭受拷打依旧宁死不屈;在雨花台,他们面临行刑依旧身影凛然。年龄最小的袁咨桐虽出身大户人家,却向往革命,追求进步。他在学习期间阅读了大量进步刊物,接触到了地下党组织,毅然投身到革命活动中。像袁咨桐这样的年轻雨花英烈千千万万,他们本着一颗赤诚的爱国之心,时刻勉励自身、好学不倦、奋勇当先,为远大的理想而奋斗。石璞 16 岁加入中国共青团,之后他便立下"努力才是人生,颓唐只见人死","勿悲观、勿怠惰、勿自傲"等警言,以警醒与鞭策自己。汪裕先 26 岁被敌人杀害于雨花台,他曾说:"我起初也想埋身在世俗的生活中,使得家里人勿至于担惊受怕。可是这一个办法的实行,仅使我感到了梦想的空虚,要实现却是万不可能的。因此,我终于走进革命的圈子,因此,我终于跑进了牢狱的大门。"①郭纲琳面对皮鞭抽、铁杠压等酷刑毫不屈服,她怒斥敌人:"我一个手无寸铁的女子,凭了真理,凭了对人民的忠贞,凭了党给我的教育,我将你们费了不少狗气力想出来的一切阴谋诡计打得粉碎,可见我是胜利了……"②雨花英烈志存高远,用鲜血与生命来实践对革命事业、对共产主义的崇高追求,拼尽全力践行着推翻旧世界、建立新中国的梦想。雨花英烈精神也是革命时代的青年人为了梦想而拼搏的精神。它承载着厚重的革命历史与革命文化,有利于培养新时代青年学生的社会责任感、激发其爱国热情和上进心,是新时代加强青年学生教育的宝贵资源。

雨花梦展现青春梦,传递青春正能量。历史用传承的方式让人们记住了革命者,又用弘扬的方式让人们记住了革命精神。雨花英烈们将个人梦想与国家需要相结合,面对民族危难时挺身而出,向人们呈上闪亮的青春答卷。他们用胸怀与志气、责任与担当汇聚而成的正能量传递至今,对新时代高校大学生的学习、生活和社会实践具有重要的启示意义。其一,雨花英烈们为了接近梦想,学而不厌,是新时代高校大学生学知识练

---

① 转引自汪裕先在狱中写给姐姐的信,1932 年,雨花台烈士纪念馆藏。
② 《"永是勇士"的革命女战士:郭纲琳》,《人民日报》2018 年 10 月 27 日。

本领的表率。中华民族自古以来都有"见贤思齐"的优良传统,开展雨花英烈"学如不及,犹恐失之"的榜样教育,就是对这一传统的继承与发扬。许多革命先锋在青年时期就钻研过《共产党宣言》《资本论》等马克思主义经典著作,一些人更是笔耕不辍,从未停止学习的步伐。以贺瑞麟为例,即使在狱中,他仍坚持写作,著有《死前日记》《九月日记》《狱祭》等八册手记。他们不停学习,不断进步,为的就是让自己更接近梦想。新时代呼唤乐学勤思、蓬勃向上的青年精神。其二,雨花英烈们为了坚守梦想,吃苦耐劳,是新时代高校大学生追求美好生活的楷模。美好生活不会从天而降,需要人们为之艰苦奋斗。习近平总书记多次强调奋斗的重要性,他指出:"面对外部诱惑,要保持定力、严守规矩,用勤劳的双手和诚实的劳动创造美好生活,拒绝投机取巧、远离自作聪明。"[1]雨花英烈面对民族危难和国家忧患奋力拼搏,面对敌人利诱坚贞不屈。他们不怕苦不怕累,甚至不怕流血牺牲的精神,为新时代高校大学生的成长与发展注入强大的正能量。其三,雨花英烈们为了实现梦想,脚踏实地,是新时代高校大学生从事社会实践的典范。"青春虚度无所成,白首衔悲亦何及。"梦想的实现需要有努力学习、吃苦耐劳的精神,更需要付诸正确的行动。在经济快速发展、物质财富不断丰裕的网络时代,人们的价值观开始发生变化。对于尚处在价值观形成时期,辨别能力与自制能力较弱的高校大学生而言,极容易受到享乐主义、个人主义等资本主义腐朽价值观的影响,导致他们对梦想的定位出现偏差,在践行梦想的过程中走弯路。雨花英烈精神拥有丰富的内涵,其内涵就是年轻的雨花英烈们在革命斗争中世界观、人生观和价值观的集中体现。它向新时代高校大学生传达了正确的世界观、人生观和价值观,即在实现梦想的过程中,只有方向正确、脚踏实地,方能行稳致远。

青春梦融入中国梦,发挥青春正能量。实现中华民族伟大复兴,是近代以来中华民族最伟大的梦想。中国梦的实现,离不开中国共产党的坚强领导和全体中华儿女的勠力前行。其中,高校大学生作为国家的希望和未来,是社会发展中有朝气、有理想、有担当的群体。他们有一定的知

---

① 习近平:《在纪念五四运动 100 周年大会上的讲话》,人民出版社 2019 年版,第 11 页。

识、视野与技能,是实现中国梦的重要力量。青年兴则国家兴,青年强则国家强。习近平总书记指出:"实践充分证明,中国青年是有远大理想抱负的青年! 中国青年是有深厚家国情怀的青年! 中国青年是有伟大创造力的青年! 无论过去、现在还是未来,中国青年始终是实现中华民族伟大复兴的先锋力量!"①中国梦的实现,尤其需要凝聚这股充满生机与活力的新生力量。"广大青年既是追梦者,也是圆梦人。追梦需要激情和理想,圆梦需要奋斗和奉献。广大青年应该在奋斗中释放青春激情、追逐青春理想,以青春之我、奋斗之我,为民族复兴铺路架桥,为祖国建设添砖加瓦。"②人生因梦想而伟大,梦想因奋斗而精彩。高校大学生要将个人梦想融入到民族的梦之中,以梦为马,充分发挥自身的光与热。根植于伟大革命实践的雨花英烈精神,是中华民族特有的精神力量,如绳索般牢牢地连接革命先烈与当代青年。它虽指谓的是那个年代的中国青年为了革命事业发光发热、命殒雨花台的革命历史,但它所彰显出的崇高志向、爱国情感与敢勇当先的精神强大而宝贵,足以跨越时空,激发新时代高校大学生的内在思想动力,引发情感共鸣,进而增强心理认同,最终知行合一。"中国梦是历史的、现实的,也是未来的;是我们这一代的,更是青年一代的。中华民族伟大复兴的中国梦终将在一代代青年的接力奋斗中变为现实。"③

第二节　雨花英烈精神的弘扬路径

任何时代都不是凭空而来,它是前人栉风沐雨、艰苦奋斗而来。正如马克思所言:"人们自己创造自己的历史,但是他们并不是随心所欲地创造,并不是在他们自己选定的条件下创造,而是在直接碰到的、既定的、从过去承继下来的条件下创造。"④雨花英烈们短暂的人生,在中华民族崛

---

①　习近平:《在纪念五四运动 100 周年大会上的讲话》,人民出版社 2019 年版,第 5 页。
②　习近平:《在北京大学师生座谈会上的讲话》,《人民日报》2018 年 5 月 3 日。
③　习近平:《决胜全面建成小康社会　夺取新时代中国特色社会主义伟大胜利——在中国共产党第十九次全国代表大会上的报告》,人民出版社 2017 年版,第 70 页。
④　《马克思恩格斯全集》第 11 卷,人民出版社 1995 年版,第 131—132 页。

起与复兴的伟大历程中留下了长串的闪光印记。他们对于信仰的坚守、对于人民的赤诚、对于青春的选择,以及对于国家的情怀让人无限崇敬,值得后人铭记与传承。"明镜所以照形,古事所以知今",回顾这一段革命历史,是为了更好地总结经验、把握历史发展规律,进而开拓前进。对雨花英烈精神最好的传承,是在现有传播手段的基础上,将其红色基因扎根于新时代的伟大实践之中。通过教育、宣传、资源利用、学术研究等方式手段的不断补充与完善,帮助人们更好地了解与认同雨花英烈精神,使雨花英烈精神在新时代得以传承与发扬。

一、注重教育感化,增强雨花英烈精神认同感

雨花英烈中许多人家境殷实,受过良好教育,有的已经有了从教从医等稳定的工作。但随着革命形势的到来,他们为保家卫国挺身而出,宁愿砍头也不低头,这在新时代具有重要的教育意义。通过培育雨花英烈精神的育人功能,转化和应用雨花英烈精神相关研究成果,能够向新时代人民群众尤其是青年学生传播向上向善的正能量,培养担当中华民族伟大复兴大任的时代新人。青年学生是社会发展与进步的新生动力,是民族振兴、国家繁荣富强的希望。青年时期是人认知社会的重要阶段,更是树立正确的价值观、人生观和世界观的关键时期。对于新时代青年,尤其是思想认识陷入困惑彷徨、人生抉择处于十字路口的青年学生,应当通过系列教育来悉心引导,使其从内心深处真正了解与认同雨花英烈精神的当代价值,并在内化于心的基础之上将雨花英烈精神外化于行。

推动雨花英烈精神"三进"工程。"三进"工程即推动雨花英烈精神进教材、进课堂、进头脑。新时代,大力推进雨花英烈精神"三进"工程,不仅有利于雨花英烈精神的传承与创新,也有利于青年学生树立崇高理想信念、培养高尚道德情操、激发爱国主义情感。一是进教材,即开发雨花英烈精神教育校本教材,将雨花英烈的故事写进高校思想政治理论课的辅助教材,以教材为载体,弘扬雨花英烈精神。目前,市面上已存在相关图书,例如:由江苏省委党史工作办公室、南京市委宣传部、南京市委党史工作办公室和南京雨花台烈士陵园管理局联合编纂,江苏人民出版社出版的《雨花台烈士传丛书》,其三批已分别于 2016 年、2018 年、2019 年出版；由江苏省委宣传部指导策划，江苏凤凰文艺出版社出版的《雨花忠魂》纪实文学丛书，其三批已分别于 2016 年、2017 年、2018 年出版；由南京市人民政府新闻办公室编纂，外文出版社出版的《雨花英烈精神：扬帆的信仰》，其第 1 版已于 2018 年出版，且包含中英文两个版本；由南京大学文化与自然遗产研究所和雨花台烈士陵园管理局合作编著，贺云翱、赵永艳主编，江苏人民出版社出版的《雨花英烈精神解读》已于 2019 年出版。南京师范大学王跃等主编的《雨花英烈精神》列入教育部高等学社会科学发展研究中心的中国共产党革命精神系列读本，也即将付梓。这些图书从不同角度记录雨花英烈故事，研究雨花英烈精神，可应用到课堂之中。同时，不断开展新的选修课教材和学生课外读物的编撰工作，促进雨花英烈精神走进青年学生。二是进课堂，即在进教材的基础上，把近代中国人民反抗压迫、抵御外敌侵略的革命历史结合雨花英烈的事迹融入到课堂教学中，以学生为课堂主体，弘扬雨花英烈精神。一方面要利用先进典型加强课堂教育。成千上万的雨花英烈就是先进典型。以教学专题的形式将他们的英勇事迹形成系统内容，并结合社会主义核心价值观教育，使教学内容与时俱进。另一方面是要加强教师队伍建设，对相关教师进行雨花英烈知识培训，使教师能够结合新的教学手段制订并完善教学方案，将雨花英烈精神更好地融入到课堂教学中。三是进头脑，即通过举办雨花英烈精神教育活动，营造浓郁的红色文化氛围，促进理想信念内化，使青年学生坚定信仰、磨炼意志、砥砺品格，进而凝聚人心。进头脑的关键是要实现青年学生"知"与"行"的转化，培育优秀的社会主义建设者和接班人。南京晓庄学院是推动雨花英烈精神进教材、进课堂、进头脑的典型案例之一。学院开设了《晓庄英烈精神与晓庄红色文化》课程，并开发了《案例教学——晓庄英烈精神代代传》《研究教学——晓庄英烈文化与晓庄英烈精神》等配套教材。此外，学院还通过开设专题讲座、开展"五个一"①主题校园活动等形式帮助青年学生学习和了解雨花英烈精

---

① 参见王恒亮：《雨花英烈精神融入高校思想政治教育实践研究——以南京晓庄学院为例》，《南京晓庄学院学报》2018 年第 5 期。"五个一"红色主题活动，即每年读一本优秀的红色经典书籍、撰写一篇红色书籍读后感、参观一个爱国主义教育基地、观看一部红色题材的电影、开展一项红色课题的研究等。

神。推动雨花英烈感人事迹和崇高精神"三进"工程,有利于升华当代青年学生的感悟,进而以知促行,以行求知。

促进雨花英烈精神研究成果转化应用。雨花英烈精神发源于近代中国雨花英烈的斗争史,具有一定的历史久远性,需要通过加强当代学术研究拉近其与现实的距离,并通过转化研究成果使其价值得以充分发挥。促进研究成果的转化引用,就是将雨花英烈精神转化到课题项目研究、学术会议、讲座等各个环节中去。目前,从雨花英烈精神相关课题项目研究现状来看,有地方课题项目支持。例如:2018 年 6 月 30 日,"《雨花英烈精神研究》课题成果专家评审会"在南京市雨花台烈士陵园管理局召开。但缺少相关国家级课题。从学术会议、讲座开展现状来看,已召开多场"雨花英烈精神"主题的会议、讲座。例如:2018 年 4 月 2 日,雨花英烈纪念地联席会议在南京市召开。会上,全国 22 家雨花英烈纪念地结成联盟,共建雨花英烈史料数据中心。2018 年 11 月 11 日,雨花台烈士陵园管理局社会教育部在雨花台烈士纪念馆弘扬厅举办了第一期"雨滴大讲堂"系列讲座,第二期已于 2019 年 3 月 16 日成功举办。该系列讲座主要讲述"雨滴"人物、"雨滴"历史、"雨滴"文化,将不定期举办。2018 年 12 月 1 日,"雨花英烈精神与新时代新征程"学术研讨会暨雨花英烈研究会 2018 年学术年会在南京雨花台烈士纪念馆举行。2019 年 6 月 13 日,"新时代雨花英烈精神传承与发展战略研讨会"在北京大学举行,20 多名专家学者通过 4 个多小时的思想碰撞,探讨雨花英烈精神传承和发展面临的前沿问题,高屋建瓴地提出了许多可行建议。2019 年 12 月 22 日,"弘扬雨花英烈精神　强化红色文化担当"学术研讨会在南京举行,来自全国多地的知名红色文化研究专家学者齐聚一堂,围绕新时代雨花英烈精神的传承和发展进行了充分交流和深入研讨。以雨花英烈精神为主题召开多场学术会议、讲座,不仅加强了领域内专家学者的交流与探讨,也扩大了雨花台的红色文化影响力,更好地弘扬了雨花英烈精神。

将雨花英烈精神融入社会实践。增强新时代人民群众尤其是青年学生对雨花英烈精神的认同感,不仅需要课堂学习与学术研究,还需要将雨花英烈精神的传播纳入到青年学生的社会实践中。传播雨花英烈精神的最终目的是从内心说服人,真正做到让青年学生真听、真信、真用。只有在贴近生活、青年学生乐于参加的实践活动中,才能够剥去革命精神外在姿态的崇高性,使其更接地气;才能够使雨花英烈精神更易被人内化于心,并进一步转化为新时代青年学生建设中国特色社会主义的精神动力和力量源泉。将雨花英烈精神融入社会实践,需要参与模式与体验模式相结合,以形成红色文化氛围,传承文化基因。其一,以党支部、班级为依托,开展社会实践教育。党支部、班级是学校和学院开展示范教育的重要组织。通过组织雨花英烈故事专题片观看、红歌传唱、主题演讲等党团日活动,以及班级讨论、话剧和微电影创作等班级活动,丰富校园文化,让青年学生得到熏陶与内化。其二,以雨花台为载体,组织参与社会实践活动。南京已形成了配套完善的雨花台景点、基地。可组织学生前往当地开展情景体验式教学,例如:带领学生参与烈士事迹讲解工作,进入雨花台烈士纪念馆参观学习,瞻仰雨花台烈士纪念碑等,以使学生更深入领悟到当地事物所承载的红色记忆,增强对雨花英烈精神的认同感。

二、完善宣传体系,提高雨花英烈精神影响力

新民主主义革命时期,年轻的中国共产党人和爱国志士为救亡图存挺身而出,最终殉难于雨花台。这段腥风血雨的历史虽已成为过去,但并没有随着时间的流逝被人们遗忘。相反,他们为广大人民谋利益、为共产主义理想而奋斗的高尚品质,已内化为新时代广大人民的精神品质,成为复兴中华民族的精神动力。新时代新形势下提高雨花英烈精神影响力,需紧扣时代脉搏,适应新媒体环境的变化发展,多措并举改进传播方式与手段,坚持继承与创新相结合,培植雨花英烈精神旺盛的生命力,使其内涵的红色基因更彰显魅力。

传统媒体和新媒体相结合,构建立体化的雨花英烈精神宣传平台。习近平总书记在多个场合反复强调互联网建设的重要性,他指出:"互联网是一个社会信息大平台,亿万网民在上面获得信息、交流信息,这会对他们的求知途径、思维方式、价值观念产生重要影响,特别是会对他们对

国家、对社会、对工作、对人生的看法产生重要影响。"①随着互联网媒体属性的逐渐增强,网络新媒体成为新时代人们获取信息、进行社交的重要平台。毫无疑问,新媒体技术的发展为雨花英烈精神的传播提供了多种平台。"雨花英烈精神要为公众普遍认同,除了对史料的充分挖掘,还必须要采用新技术新手段,在创新上下足功夫,让年轻一代感受到烈士并不遥远模糊。"②过去,为革命事业英勇牺牲的雨花英烈多是二三十岁的青年人。今天,网络新媒体作为更契合青年人喜好的传播平台,成为向现代青年讲述雨花英烈事迹、弘扬雨花英烈精神的重要渠道。借助新媒体,能够实现"同龄人"之间跨越时空的对话。"两微一端"③作为人们日常使用频率极高的新媒体平台,是发布雨花英烈相关文章,传播雨花英烈精神的重要渠道。2018 年 7 月 19 日,"中国雨花台"(微信号为 zhongguoyuhuatai)微信公众号完成认证;2018 年 11 月 20 日,"雨花台烈士纪念馆"(微信号为 yhtlsjng)微信公众号完成认证。微信公众号中设置了"纪念馆"、"雨花台"、"看展览"、"知英烈"、"传精深"等板块,用户能够通过手机直接VR 全景游览位于南京的雨花台烈士纪念馆,聆听雨花英烈事迹的语音讲解,了解最新新闻动态与志愿活动等。微博账号"中国雨花台"也实时发布头条文章,介绍以"雨花英烈精神"为主题的讲座、会议信息,以及其他相关新闻。雨花台烈士陵园管理局官方网站("雨花台风景区",www.travel-yuhuatai.com)则通过设立"红色文化"、"旅游服务"、"政务中心"三大板块,全方位多角度展现雨花台最新动态。但是,新媒体传播也具有一定缺陷,如信息流动快、碎片化严重,一些虚假信息夹杂其中,混淆视听。这使得新媒体信息传播缺乏一定的长久性、严谨性和深刻性。而传统传播平台,如报纸杂志、广播电视等有着良好的传播形象、雄厚的品牌资源和丰富的工作经验,给人以较强的权威感和较高的可信度,依旧是信息传播的重要渠道。因此,传播雨花英烈精神,需要将传统媒体和新媒体相结合,构建立体化宣传平台,扩大宣传矩阵,增强时代感和吸引力。

---

① 《习近平谈治国理政》第二卷,外文出版社 2017 年版,第 335 页。
② 王智:《新时代"革命"话语重建与雨花英烈精神的跨时代价值》,"雨花英烈精神与新时代新征程"学术研讨会暨雨花英烈研究会 2018 年学术年会,2018 年 12 月 1 日。
③ "两微一端"平台指微博、微信和新闻客户端。

　　媒体传扬和团队宣讲相结合,形成多样化的雨花英烈精神宣传手段。在综合应用各类媒体广泛传播的基础上,扩大雨花英烈精神在新时代的影响力,还应注重雨花英烈精神的现代表达。将媒体传扬和专业宣讲相结合,丰富并创新传播内容与话语方式,将先烈的故事叙述得更为生动,以获得新时代人民群众尤其是青年人的高度认同,提高雨花英烈精神影响力。其一,扩大媒体传扬,积极寻求南京当地媒体与国家主流媒体的合作,登载雨花英烈事迹、录制并播出相关影片、排练并巡演相关话剧,利用多家媒体资源共同宣传雨花英烈精神,以扩大影响范围。例如:话剧《雨花台》自 2015 年 9 月 15 日在南京首演以来,已在南京、北京、上海、武汉、广州等地面向高校大学生和党员干部群众演出 140 余场,受到《光明日报》《新华每日电讯》《中国青年报》《南京日报》《金陵晚报》等多家媒体报道宣传。2016 年 6 月 29 日,文献纪录片《致未来书》发布仪式在南京举行。该片收集了雨花英烈遗留的大量信件和文物,为观众展示烈士们生前鲜为人知的故事。纪录片先后在江苏卫视和中央电视台科教频道播出,向全国观众传递雨花英烈精神的强大震撼和无穷感召。2019 年 4 月 2 日,中国之声 2019 年清明特别节目《纪念碑》在雨花台烈士陵园正式录制。该节目通过讲述雨花英烈丁香的故事,朗诵诗篇《信仰》等现场活动,向观众展现雨花英烈的崇高理想信念和家国情怀。这是一次中央广播电视总台与南京人民广播电台合作录制的节目,受众广泛。其二,组织团队宣讲,在现有雨花英烈亲属宣讲团的基础上,寻找更多烈士亲属、研究人员、志愿者参加宣讲活动,扩大宣讲队伍。2016 年 4 月 2 日,由 12 位烈士亲属组成的"雨花英烈亲属宣讲团"正式亮相。2018 年暑假,雨花台举办"小小讲解员"夏令营活动,通过实地考察、动手动脑等形式让孩子们在体验中感受雨花英烈精神。2019 年 5 月 22 日,"信仰的火种"——雨花台烈士纪念馆"小雨滴"志愿者 2019 年度红色文艺展演在雨花台干部学院举行。雨花台"小雨滴"志愿服务队最早可追溯至 2005 年,至今已坚持了 14 年。由高校志愿者组成的"小雨滴"团队致力于开展"雨滴课堂"活动,开发社教项目。宣讲团队不仅在雨花台现场向参观者宣讲烈士事迹,也奔赴各地向更多受众群体传播雨花英烈的故事和精神。专业宣讲这一形式有利于跨越时空传承信仰的火种,打造全国一流志愿服务品牌。

细分目标受众,深化雨花英烈精神宣传效果。雨花英烈精神作为中国革命精神中的一脉,是南京独特的红色文化品牌。要将这一品牌推广出去,并使其达到一定的宣传效果,必然要立足地域特色,细分受众;再针对不同群体的受众,采用不同媒介手段或平台宣传,将雨花英烈精神以大众喜闻乐见的方式进行传播。新媒体时代,受众对于传播平台和传播信息的选择增多,受众主体性也逐渐增强,增加了革命精神广泛传播的挑战性。因此,认识并尊重受众是有主体意识的个人,根据不同受众属性传播雨花英烈事迹,是推动雨花英烈精神被更广泛受众接受,扩大其影响力的关键。其一,根据受众自然属性的差异,细分目标受众。并非所有群体都能够接受统一的革命精神教育,但针对不同群体采用不同传播方式,能够在一定程度上提高传播效果。例如:针对学生群体,要进课堂讲;针对老年人,可以让以丁香烈士的故事原型为引线的话剧《我就是你》走进社区;针对家庭成员,制作并上映电视剧《雨花台》。其二,根据受众行为属性的差异,实现雨花英烈精神精准化传播。从受众活动行为着手,针对不同受众采用不同传播方式。例如:对于前往南京旅游的人,可通过雨花台品牌宣传与附近配套设施建设,吸引人们前往雨花台驻足参观;对于经常使用网络了解信息的受众,可将雨花英烈精神的传播渗入到"两微一端"等新媒体平台中。

三、用好用活资源,打造雨花台红色纪念圣地

2014 年 12 月,习近平总书记在江苏调研期间指出,雨花英烈的事迹展示了共产党人的崇高理想信念、高尚道德情操、为民牺牲的大无畏精神,"要用好用活这些丰富的党史资源,使之成为激励人民不断开拓前进的强大精神力量"①。为深入贯彻落实这一重要指示精神,传播雨花英烈精神的时代价值,凸显雨花英烈精神的现实意义,亟须通过公共仪式传承精神、通过搭建资源平台建设爱国主义教育基地、通过品牌传递在

---

① 《弘扬雨花英烈精神　用好用活党史资源——"雨花英烈精神"研讨会发言摘编》,《光明日报》2015 年 11 月 15 日。

全国范围内扩大雨花英烈精神影响力。只有用好用活雨花台资源,才能使雨花英烈精神成为激励新时代人民群众不断开拓前进的精神力量。

用仪式唤醒记忆。仪式本身是一种古老的文化现象,也是文化的象征。透过其表象,能够让人们了解特定阶段的社会历史。通过举办仪式活动,能够将一定的社会价值体系或精神传达给参与者,仪式发展至今,已适应新的时代需要,产生出有别于古代中国的新形式。按照类型划分,新时代仪式活动有国家公祭、哀悼仪式、庆典仪式等;按照内容划分,新时代仪式活动有默哀、敬献花圈、重温入党誓词等。通过仪式活动缅怀英烈,既传承了中华优秀传统文化,也有利于加强人民群众理想信念教育,塑造新时代红色文化,构建民族国家认同。每年国家公祭日、清明节、烈士纪念日以及其他重要的节假日里,南京雨花台都会迎来成千上万的学生、市民、官兵或普通游客。他们向雨花英烈敬献花圈,瞻仰烈士雕像与纪念碑;党员在党旗下重温入党誓词,共同缅怀革命先烈。仪式作为历史与文化的载体,它连接了过去与现在,并将传统文化和现代文化结合起来。在新时代,具备缅怀革命先烈的仪式活动,有利于满足人们的精神需求,引发人们对现实寻根溯源,使人们更加尊重历史、坚定信念,也使革命精神得到更好的传承。因此,仪式活动具有唤醒历史记忆,进行思想政治教育的作用,有其存在的必要。

依资源搭建基地。2019 年 1 月 16 日,雨花台烈士纪念馆和南京市共青团路中学共建"雨花英烈与共青团精神"德育教育基地,以培养学生的爱国主义情感,提高爱国主义觉悟。这是依托南京当地资源搭建宣传教育实体基地的典型案例。基地的搭建,有利于为青年学生的思想政治教育提供便利与服务,有利于使雨花台成为当代青年人的红色精神家园之一。南京特有的党史资料、当地记录、人物回忆等珍贵资料是搭建教育基地的基础。通过对这些资料的运用,能够盘活雨花台革命文化资源,弘扬雨花英烈精神的时代价值。依资源搭建基地,首先要加大投入。经费是基地建设的保障,搭建爱国主义教育基地,应由政府主导,加大财政扶持力度。其次要整合资源。雨花英烈遗留的论著、日记、信件及其他遗物是教育基地的重要资料,应得到充分合理的规划利用。例如:加强史料研究与珍贵文物的保护力度,推出专题性展览与巡回展出等活动。最后要加强基础设施建设。通过推进碑林建设、纪念馆扩容、纪念碑地下大厅陈列改造、景区给水及消防管网改造工程等项目,完善陵园基础设施;通过精心布置清明节、五四青年节和"9·30"烈士纪念日等重要时点景观花卉,加强日常维护和提升防灾、抗灾能力,塑造庄重纪念环境;通过开展行政事业单位内部控制建设工作,启动内控体系建设;通过定期开展安全检查,开展交通综合整治,组织执法队员学习各法律法规,提升景区治理水平。依资源搭建基地关键在于充分合理地利用当地资源,将雨花台打造成为新时代人们树立崇高理想、培养爱国情操的模范教育基地,提高基地影响力与知名度,进而在更大范围内弘扬雨花英烈精神。

从南京走向全国。南京是中国近代史的起点,在中国历史上具有特殊而重要的地位与价值。截至 2018 年,南京拥有世界文化遗产 1 处,"博物馆 62 个,市级以上文物保护单位 516 处,拥有国家级历史文化街区 2 个,省级历史文化街区 7 个,国家级历史文化名镇(村)3 个"①。这座国家历史文化名城饱经风霜洗礼,承载了厚重的历史记忆。雨花英烈精神正是诞生于此。在那个风雨如晦的革命年代,一群青年人为了民族大义、人民解放奋起抗战。他们义无反顾,血染金陵,使红色基因深深嵌入南京。雨花台是烈士们的殉难地,它作为南京特有的革命历史文化遗迹,已成为当地宝贵的精神财富。传播雨花英烈精神的时代价值,要充分利用当地资源,以雨花台为中心,辐射周围纪念馆、纪念碑、忠魂亭、烈士故居,最后扩散至全国各地校史馆、陈列馆、博物馆等。推动雨花英烈精神从南京走向全国,首先要使全国人民乃至全世界中华儿女走进南京,了解雨花英烈精神。可通过开展雨花英烈精神学术研讨会与讲座、依托网络平台讲述雨花英烈的感人故事、发展南京红色旅游等方式,打造南京红色文化品牌,吸引人们关注。其次,在更大范围内积极开展雨花英烈精神的传播活动,例如:话剧《雨花台》前往上海各高校进行巡演;联合中央电视台科教频道播放文献纪录片《致未来书》;联合中央广播电视总台央广中国之

---

① 《南京市 2018 年国民经济和社会发展统计公报》,《南京日报》2019 年 4 月 1 日。

声录制节目《纪念碑》等。这些活动使更多人对雨花英烈精神有了更深刻的理性认识，推动了雨花英烈精神从南京走向全国。

四、设置专门机构，弘扬新时代雨花英烈精神

设置专门机构，对接培训资源，有利于使雨花英烈精神在新时代更加深入党员、走近群众。南京拥有丰富的红色文化资源，既要将雨花英烈精神整合于其中，促进中国革命精神谱系整体化、系统化、完善化，又要显示出雨花英烈精神的独特性。因此，要设置专门的教育、研究与管理机构，集中力量挖掘雨花英烈这一珍贵的红色资源，推动雨花英烈精神的研究与传播。

培养专业人才，传播雨花英烈精神价值。马克思说："思想本身根本不能实现什么东西。思想要得到实现，就要有使用实践力量的人。"[1]雨花英烈精神随着时代的发展熔铸成新的时代精神，为实现中国梦提供强大的思想武器。要使雨花英烈精神得到实现，就需要人的推动。因此，人才是弘扬雨花英烈精神的核心力量，人才培养是传播雨花英烈精神当代价值的关键环节。雨花英烈精神研究与宣传人才是复合型人才，应当用通识教育和专业教育相结合的方式进行培养。此类人才不仅需要有专业的历史知识，还需要储备马克思主义理论、新闻传播学等学科知识，具备研究和宣传的技能。培养专业人才，一要培养专业的研究人才。高校和科研院所具有学术研究的学科优势和人才优势，对推进雨花英烈精神研究，使其在青年学生心中生根发芽有着重要的意义。因此，要依托高校和科研院所设置人才培养机构，培育学术名家、青年学者等研究人才。二要培养专业的宣传人才。宣传人才不仅要掌握专业知识，还要开拓视野，具备调查研究与新闻传播的能力。培养宣传人才，就是要不断增强他们的脚力、脑力、笔力，使其适应网络新媒体的发展，具备较强的信息采集、传递、反馈的能力。当然，无论是研究人才还是宣传人才，都必须坚定共产主义远大理想，对党和国家绝对忠诚，了解革命历史与南京当地情况，掌握丰富的知识和熟练的技能。对于二者的培育，最终将对接雨花英烈精

---

[1]　《马克思恩格斯文集》第 1 卷，人民出版社 2009 年版，第 320 页。

神的研究与传播,发挥雨花英烈精神在践行中国梦进程中的精神激励作用。

建设现有研究平台,巩固研究基础。雨花英烈精神现有研究平台较多,但仍有建设与发展的空间,以期为新时代研究和弘扬雨花英烈精神提供充足的人才保障。现有研究平台资源相对集中,人才队伍相对庞大,能够用较为完善的研究体系从事雨花英烈精神的学术创作、探讨以及研究。建设现有研究平台,一是组织开展研讨会、研讨班,加强雨花英烈精神研究专家、学者之间的交流,为各研究平台广纳人才,推进智库建设,尤其是高层次人才智库建设;二是依托网络新媒体,拓宽现有研究平台的宣传渠道,增强宣传力度,传播雨花英烈精神;三是加强与其他高校科研院所的合作,开展深度研究;四是与当地企业、机关、中小学、街道社区等组成共建单位,开展以"弘扬雨花英烈精神"为主题的实践活动。

成立高水平研究机构,推动深入学习。高水平研究机构依附于相关重点研究基地,其设立有利于统筹各研究平台的研究工作,推动雨花英烈精神研究的科学化与系统化。以中国共产党革命精神与文化资源研究中心为例,它的设立旨在发挥高校优势,整合各方面力量,推动实质性合作和协同创新,形成党史、革命精神和文化资源的研究联盟,建设党史和革命精神研究的高地、革命传统教育宣传的阵地和红色文化资源开发利用的智库,为学习研究宣传好中国共产党的历史和革命文化,挖掘中国共产党丰富的革命文化资源,促进革命文化的传承创新,推进社会主义核心价值体系建设发挥积极作用。目前,教育部办公厅、中共中央党史研究室办公厅已在复旦大学、嘉兴学院、湘潭大学、井冈山大学、赣南师范学院、遵义师范学院、延安大学、河北师范大学等高校设立了中国共产党革命精神与文化资源研究中心,该研究中心成为当地弘扬革命精神的重要载体平台。但这一批名单中不包含江苏省各高校,也不包含针对雨花英烈精神的专门研究机构。南京作为雨花英烈精神诞生地,拥有丰富的革命文化资源;此外,南京高校林立,人才聚集,是江苏省乃至全国重要的科研教育基地。为进一步弘扬雨花英烈精神,可参照以上做法,在南京高校设立"中国共产党革命精神与文化资源研究中心",将雨花英烈精神纳入革命精神谱系中进行专门研究。新时代继续学习和弘扬雨花英烈精神,应高度重视包括雨花英烈精神在内的南京红色资源的挖掘与传承,使雨花英烈精神成为重要品牌,影响全国,汇入中国精神,成为推动中华民族伟大复兴的强大精神动力。

后　记

　　中国共产党近百年来构建形成的革命话语体系,既延续自近代以来的逐浪而高的革命运动,更有其特定内涵特质。革命精神是中国共产党领导人民追求民族复兴进程中的动力和成果。中国特色社会主义进入新时代,中国共产党进一步继承革命文化、弘扬革命精神,不忘本来、吸收外来、面向未来,更好构筑中国精神、中国价值、中国力量。为进一步贯彻落实习近平总书记重要讲话精神,用好用活红色文化资源,深入开展雨花英烈精神和党的历史宣传教育,大力弘扬党的光荣传统,南京市雨花台烈士陵园管理局委托南京航空航天大学马克思主义学院团队编撰《雨花英烈精神》教材。

　　本书深入学习贯彻习近平总书记关于雨花英烈的重要讲话精神,从伟大社会革命的精神谱系立论,明确革命文化与革命精神的科学内涵以及雨花英烈精神的坐标定位,系统梳理雨花英烈在大革命、土地革命、抗日战争、解放战争的革命洪流中的壮烈事迹,创造性地从年龄、阶级、教育、性别、地域等视角对雨花英烈进行多维透视,分别论证"崇高的理想信念""高尚的道德情操""为民牺牲的大无畏精神"的独特内涵,并提出雨花英烈精神的当代价值与弘扬路径。本书适用于雨花英烈精神的传播普及,可用于高校文化通识课程的专项教材、思想政治理论课的辅助教材,亦可作为党校和干部学院专题教学的参考教材,为广大青年及党员干部提供教育读本。

　　本书由南京航空航天大学马克思主义学院王智教授担任主编,提出编撰大纲、写作思路,并对初稿提出修改意见,最终审核定稿。杨莹莹、张璐、徐坤、李盛婷、陆巧玲、何东格、汪勤、刘红、吴巍等分别承担相关章节初稿的资料收集、撰写或修改任务,李盛婷承担了部分稿件统筹和团队协调工作。华中科技大学马克思主义学院文红玉教授对全书进行了审读、订正。南京航空航天大学马克思主义学院党委书记徐川教授对于本书从立项、撰著到出版,亦有重要贡献。

南京市雨花台烈士陵园管理局局长赵永艳、副局长杨永清、雨花英烈研究院院长向媛华等从立项、写作大纲以及全书主题方向,均提供指导和具体建议,编辑研究室赵瑱、方晓燕、李勇、郭蕊、唐阿兰等参与了本书审校工作,特此鸣谢。

感谢由南京师范大学马克思主义学院王跃教授、南京大学马克思主义学院王建华教授、南京大学历史学院曹大臣教授、南京林业大学马克思主义学院孙建华教授、南京农业大学马克思主义学院付坚强教授组成评审组,对本书进行评议,并提出宝贵的修改意见。

感谢人民出版社吴继平编辑,从选题立项、全书结构到细微之处的订正,均有他的心血。尤其是因为恰逢史所罕见的新冠肺炎疫情,本书出版能够推进并付梓,正是有赖于他卓有成效的工作。

本书参考了南京市雨花台烈士陵园管理局团队多年的成果,也借鉴了学术界的既有研究成果,在此一并致谢。

由于本书编写组水平有限,对于雨花英烈精神的独特性、生动感人的案例事迹所进行的挖掘有待深入,难免存在一些不当或错讹,敬请各位读者批评指正。

编　者

2020 年 6 月 8 日